Rickie Moore

Die Göttin in dir

Rickie Moore

Die Göttin in dir

Sieben Stufen zum inneren Frieden

BAUER
Verlag Hermann Bauer
Freiburg im Breisgau

CIP-Titelaufnahme der Deutschen Bibliothek

Moore, Rickie:
Die Göttin in dir : 7 Stufen zum inneren Frieden /
Rickie Moore. [Aus einem amerikan. Ms. ins Dt. übertr.
von Brigitte Schwitalla und Kathrin Pfister]. –
3. Aufl., 14.–16. Tsd. – Freiburg im Breisgau :
Bauer, 1994
Einheitssacht.: A goddes in my shoes <dt.>
ISBN 3-7626-0427-4

Die amerikanische Originalausgabe erschien 1988 unter dem Titel
A Goddes in my Shoes
bei Humanics New Age, Atlanta, Georgia

Aus einem amerikanischen Manuskript ins Deutsche übertragen
von Brigitte Schwitalla und Kathrin Pfister

3. Auflage 1994 – 14.–16. Tsd.
ISBN3-7626-0427-4

Umschlaggestaltung: Fred Weidmann, München
Gesamtherstellung: Ebner Ulm
Printed in Germany

Ich widme dieses Buch
der Göttlichkeit in jedem Menschen . . .
und meinem geliebten Mann,
der mich sprachlos macht.

Dank

Ich danke Steven Fenberg, Mariann und Bernhard Leuthold-Thönen, Petra und Martin Boss, Christa und Hubert Alf, Henrietta und Roberto Preinreich, Michael Harlacher, Koos Oeberius Kaptijn, Christel, Eleonore und Will Kluth, Ronya Brokbals, Theo Brokke-de Jager, Jutta Härtel, Leona Kellermann, Frans Kok, Christian Rieder, Ingrid Huber, Nico und Ariet Vissel, Marianne Knecht, Elisabeth Hilbig, Mark Lowery und Wicca.

Für Inspirationen danke ich den Sternen in den Augen von Shiloh, Albert Hofmann, Elbert Hubbard, Hazel Stanley, Danny Slomoff, Charles Muir, Joel Edelmann, Bob Schaibly, Elise Orman, Satya, Sadhu Singh Khalsa, Don Snell, Alberto Villoldo, Don Eduardo Calderon, Paul Soderburg, Don Bushnell, Don Jose, Yogi Bhajan, Paul Kluwer, Adano Ley, Sant Keshavadas und ... Charlie.

Für ihre künstlerische Unterstützung danke ich Cindy Freedman, Loretta Koopmans, Michael Boltz, Sharon Stewart, Ilse Engl, Paul Peacock, Earl Wilson Jr., Anselm König, Gerry Daamen, Carl Sagan und Robert Freedman.

All das wäre auch nicht möglich gewesen ohne die Liebe und das Vertrauen, das mir meine beiden Töchter Rhonda und Lauren entgegengebracht haben, und die zahlreichen Teilnehmer meiner Workshops ... die Familie.

Inhalt

Vorwort

Liebe Leser-Innen,

die meiste Zeit meines Lebens habe ich damit verbracht, nach den Dingen zu suchen, die alle haben möchten: viel Liebe, richtig lachen zu können und ein wenig Frieden.

Von Natur aus nervös und ständig besorgt, mußte ich Tricks lernen, um friedlich zu werden. Ich wollte mein Leben wie ein Lied leben. Es war nicht schwierig, Lehrer zu finden, die transzendentale Methoden anboten; viel schwieriger war es, Lehrer zu finden, die das Lied, das sie sangen, auch lebten.

Als Tochter entdeckte ich, daß Eltern Menschen sind, mit denen ich nicht leben, die ich aber auch nicht verlassen konnte. Als Mutter lernte ich, daß erfolgreich die Elternrolle zu spielen bedeutete, von meinen Kindern nicht im Schlaf erstochen zu werden. Als Ehefrau entdeckte ich, daß meine Sexualität ein Weg zu Gott war. Abenteuerliche Erfahrungen mit Schamanen lehrten mich, daß selbst Heiler Heilung brauchen. Nachdem ich meine Phase als Guruanhängerin überlebt hatte, erkannte ich, daß *Guru* für »Du bist du« steht. (*Guru* ergibt auf englisch laut buchstabiert: »Gee, you are you!« Hey, du bist du!) Im Yogaunterricht lernte ich, niemals einen disziplinierten Menschen zu unterschätzen, der ebenso leicht auf einem wie auf zwei Beinen stehen kann. Meine Erfahrung als Therapeutin half mir zu erkennen, daß Heilige ganz gewöhnliche Menschen sind, die ihr Potential besser ausschöpfen als andere, und daß die Menschen perfekt sind ... Es ist die Welt, die verrückt ist.

Die Göttin in dir feiert die Tatsache, daß das menschliche Ringen uns allen gemeinsam ist, und da ich nur weiß, was ich gelebt habe, konzentriert sich dieses Buch auf meine persönliche Suche nach Wahrheit, Freiheit und einer schönen Schüssel Spaghetti. Es gibt keine absolute Privatsphäre im Leben. Es gibt keine Geheimnisse ... wir hätten nur gern welche. Ich teile mit dir die Lektionen, die ich im großen Klassenzimmer des Lebens gelernt habe, und hoffe, sie mögen dir nützen, wenn du deine eigenen, besonderen und einzigartigen Lektionen gestaltest.

Auf der einen Ebene ist *Die Göttin in dir* Unterhaltungslektüre. Man kann beim Lesen lachen, weinen, sich Rat holen, sogar sich dazugehörig fühlen. Auf einer anderen Ebene bietet das Buch einige besondere Yoga-, schamanische und energetische Übungen an, die mir geholfen haben, in einer verrückten Welt normal zu bleiben. Das Buch beschreibt den Einfluß, den das Leben auf unsere Chakras hat ... und wie wir unser Leben ändern, während wir die Ebenen der Chakras hinaufsteigen.

Wenn du dein Herz öffnest und die Liebe spürst, mit der dieses Buch geschrieben wurde, und wenn du deine Vorurteile und Glaubenssätze beiseite läßt, hast du die wichtigste Übung aus diesem Buch bereits bewältigt. Ich verspreche dir nicht, daß du die Bürden der Vergangenheit abschütteln kannst oder vor den Gefahren der Zukunft bewahrt wirst, aber wenn die Hürden am höchsten sind und der einzige Grund, den du hast, dankbar zu sein, die Tatsache ist, daß du keinen lebendigen Frosch essen mußt, dann wirst du dich vielleicht friedlicher fühlen. Wenn du weißt, daß wir uns etwas weniger ernst nehmen und über das Wunder, Mensch zu sein, freuen können.

Einleitung

Falls man Frieden finden und nicht nur überleben, sondern besser leben will, hilft es zu wissen, wovor man Angst hat. Wir Menschen fürchten uns vor dem Unbekannten. Deswegen haben wir natürlich auch Angst vor uns selbst, solange wir uns nicht kennen. Da Angst und Frieden ebensowenig zusammenpassen wie Politik und Wahrheit, müssen wir uns erst selbst kennenlernen, um Frieden zu finden. Allerdings sind die Wege, uns selbst zu entdecken, ebenso zahlreich wie wir, die wir uns selbst entdecken wollen. Die frohe Botschaft ist, daß wir, wenn wir uns erst einmal selbst kennen, beginnen, die Dinge an uns zu akzeptieren, die wir vorher ändern wollten – und damit haben wir uns schon verändert!

In *Die Göttin in dir* werden die Chakras, die sieben Zentren der Lebensenergie im Menschen, wie eine Landkarte dazu benutzt, uns selbst zu erforschen und herauszufinden, wie wir zu dem wurden, was wir sind, und was wir tun können, um zu werden, wie wir sein möchten.

Was wir Menschen tatsächlich sind, ist Energie. Wir schwingen verschieden intensiv auf verschiedenen Frequenzen. Diese Frequenzen sind Bewußtseinsebenen. In jedem von uns gibt es sieben Kraft- oder Energiezentren, die aussehen wie Wirbel aus Sternenstaub. Wenn wir uns mit unseren Chakras vertraut machen und lernen, sie in ein harmonisches Gleichgewicht zu bringen, können wir dadurch unseren inneren Frieden finden. Aus dem Wissen, daß wir unsere Energien dazu einsetzen können, unsere Lebensmuster zu weben, erwächst Sicherheit. Eine erfolgreiche Reise durch die Chakras, die verschiedenen Bewußtseinsebenen hinauf führt uns von der Materie zum Geist . . . und bringt den Geist in die Materie.

Wenn wir die sieben Chakras in eine obere und eine untere Triade aufteilen, gehört die untere (After, Geschlechtsorgane und Solarplexus) zur Materie. Die oberen drei Chakras (Hals-, Stirn- und Kronenchakra) sind mit dem Geist verbunden. Das vierte Chakra oder Herzzentrum ist der Angelpunkt, der die Balance zwischen Geist und Materie schaffen kann.

Um unser Leben und die Gegensätze in uns ins Gleichgewicht zu bringen, brauchen wir Liebe. Einige Menschen bleiben *auf einer* Bewußtseinsebene stecken. Ein ausgeglichener Mensch kann bewußt darüber entscheiden, wieviel Energie er in jedes der sieben Chakras hineingeben will . . . er kann es steuern.

Das erste Chakra, im Bereich des Afters, am unteren Ende des Rückgrats, ist mit dem Überleben verbunden. Das zu diesem Zentrum gehörige Element ist die Erde. Für Menschen, die auf dieser materiellen Ebene stehengeblieben und nur mit dem Überleben beschäftigt sind, ist der Erwerb bestimmter, ihnen wichtig erscheinender materieller Dinge vorrangig. Diese Besitzgier entspringt der Angst, nicht überleben zu können. Da sie glauben, daß mehr und größere Dinge auch die besseren seien, führen sie sich oft auf wie Einfaltspinsel. Das erste Chakra ist auch für den Geruchssinn zuständig. Im ausgeglichenen Zustand verlangt dieses Chakra wenig Energieaufwand . . . es funktioniert instinktiv.

Das zweite Chakra befindet sich im Bereich der Geschlechtsorgane und der Milz und ist die Quelle der Libido, der treibenden Lebenskraft zur Fortpflanzung, Neuschaffung, Inspiration und Verjüngung. Das Element dieses Zentrums ist das Wasser und die zu ihm gehörige Sinneswahrnehmung, der Geschmack. Die mit dem zweiten Chakra verbundenen Bereiche sind natürlich sexuell und ein Tor zu Himmel und Hölle. Menschen, die sich nur auf dieser Ebene bewegen, sind den Gezeiten der Leidenschaft hoffnungslos ausgeliefert und ertrinken oft in einer Flut der Lust, ohne zu lieben. Sie sind der Macho und die *femme fatale* per se. Ein ausgeglichenes zweites Chakra öffnet das Tor zum siebten Himmel.

Das dritte Chakra, im Bereich des Solarplexus und des Bauches, ist die Heimat der Willenskraft und der Emotionen. Der mit diesem Chakra verbundene Hauptantrieb ist das Verfolgen persönlicher Machterlangung und der Drang zur Persönlichkeitsentfaltung. Im ausgeglichenen dritten Chakra liegt der göttliche Wille. Von diesem Zentrum aus wird die Sehfähigkeit gesteuert, und Menschen, die auf dieser Ebene feststecken, sind oft blind vor Wut. Menschen, die in diesem Chakra leben, könnte man als drängelnd, aggressiv und hitzköpfig bezeichnen. Das zu diesem Chakra gehörende Element ist das Feuer.

Im vierten Chakra oder Herzzentrum wohnen Mitgefühl, Einfühlungsvermögen und Liebe. Sein Element ist die Luft. Ein offenes Herz macht das Leben leichter. Ein Herz, das sich selten öffnet ... bricht oft. Die dem Herzen zugeordnete Sinneswahrnehmung ist Berührung. Niemand bleibt unberührt durch die Erfahrungen von Liebe oder deren Mangel. Ein Mensch mit offenem Herzen kann durch liebevolles Berühren heilen.

Aus dem fünften Chakra, dem Halschakra, kommt unsere Fähigkeit zu kommunizieren, die Fähigkeit zusammenenzuleben, Anteil am anderen zu nehmen und sich auszudrücken. Dieses Zentrum steuert den Gehörsinn, und sein Element ist der Äther, aus dem alle Töne kommen. Wenn wir uns im fünften Chakra befinden, hören wir den Ton der Stille und erkennen unsere ätherischen Anteile. Menschen im fünften Chakra begreifen, daß es wichtiger ist zu verstehen, als verstanden zu werden.

Im Bereich des sechsten Chakras, des Stirnzentrums, befindet sich das dritte Auge. Dieses Zentrum beherbergt die Intuition und steuert die Gedanken. Wenn wir mit unserem sechsten Sinn senden und empfangen, wissen wir um Vergangenheit, Gegenwart und Zukunft. Durch das Übermitteln von Gedankenströmen können wir auf die Menschheit einwirken und einen Zustand der Gnade schaffen. Menschen, die vorwiegend im sechsten Chakra leben, sind selten.

Das siebte Chakra oder Kronenchakra ist der Sitz der Erleuchtung. An dieser Stelle ist auf Bildern der Heiligenschein dargestellt. Egal, wie wir zum siebten Chakra kommen, sei es durch Yoga, durch Sex, durch Drogen oder durch Jahre der Einsamkeit und Enthaltsamkeit, unabhängig davon, ob wir an Erleuchtung glauben oder nicht – wir alle haben die Fähigkeit, uns selbst ohne den Einfluß unseres Egos wahrzunehmen, ohne daß Zweifel, Gedanken oder Wünsche uns beeinflussen ... und sei es auch nur für einen Moment. Manchmal können wir einen Augenblick der Seligkeit, der Gnade, des Sich-eins-Fühlens mit dem Leben erfahren. In diesem Augenblick kommen wir heim ... in den siebten Himmel. Die Erleuchtung nimmt wie der Mond zu und ab, kommt und geht ... und es gibt ebenso viele Himmel wie Wege zum Himmel. Menschen, die das siebte Chakra erreicht haben, werden meistens gekreuzigt, verehrt, ermordet oder angebetet.

Obwohl manche Menschen nie vom Erdboden wegkommen und andere ständig auf Wolken schweben, lebt niemand immer nur in einem Chakra. Der Wechsel der Bewußtseinsebenen ist ein Teil des Lebens. Eine Möglichkeit zu erkennen, »woher ein Mensch kommt«, ist, herauszufinden, von welchem Chakra er kommt.

Wir wollen das am Beispiel einer ganz normalen Frage, die ein ganz normaler Ehemann seiner Frau stellen könnte, nachvollziehen. »Was meinst du, Liebling? Soll ich die Arbeit in Australien annehmen oder nicht?«

Vom ersten Chakra aus antwortet die Ehefrau vielleicht: »Stell dir vor, die Arbeit gefällt dir nicht, und wir müssen wieder weg. Was ist, wenn wir alles verlieren und ganz von vorn anfangen müssen?« Sie macht sich Sorgen um das Überleben.

Vom zweiten Chakra aus wird sie vielleicht mit einem Funkeln in den Augen antworten: »Wenn wir dann miteinander mehr Zeit im Bett verbringen können, bin ich dafür, Schatz.« Sie ist auf Sex aus.

Vom dritten Chakra aus würde sie vielleicht sagen: »Und was ist mit mir? Zähle ich gar nicht? Was ist mit meiner Arbeit?« Sie ist mit Machtkämpfen beschäftigt.

Vom vierten Chakra aus könnte sie antworten: »Ich liebe dich, egal, was du tust.« Sie ist mitfühlend und hat ein offenes Herz.

Vom fünften Chakra aus sagt sie vielleicht: »Ich höre heraus, wie gern du diesen Job annehmen würdest.« Sie ist einfühlsam und aufnahmebereit.

Vom sechsten Chakra aus könnte die Antwort lauten: »Ich spüre genau, daß es ganz toll wird in Australien.« Sie hat eine gute Intuition und weiß, was kommen wird.

Vom siebten Chakra aus lächelt sie entweder so verständnisvoll und glücklich, daß sie gar nichts mehr zu sagen braucht; oder sie antwortet schlicht: »Warum nicht?«

Falls es einen Trick gibt, das Leben wie ein Lied zu leben, so besteht er einfach darin zu lernen, die Chakras wie Noten zu spielen. Ich teile mit dir meinen persönlichen Kampf um Harmonie einschließlich der Mißtöne.

Die Wahrheit ist etwas ganz Persönliches, und kein Leben gleicht dem anderen. Indem ich mitteile, wie ich es geschafft habe, meine Energien im ganzen Zusammenhang meines Lebens in Harmonie zu bringen, hoffe ich, in dir die Erkenntnis zu wecken, daß Frieden auch in deinem Leben möglich ist.

Das erste Chakra

Der Geruch roter Erde

Sitz: After

Klang: *Lam*

Farbe: Rot

Element: Erde

Funktion: Überleben

Sinneswahrnehmung: Geruch

Zusammenhänge: Zu den möglichen *physiologischen* Problemen zählen Störungen im Bereich des Afters und des unteren Teils des Rückgrats einschließlich des Dickdarms ... Verstopfung, Hämorrhoiden, Durchfall und Colitis. Ebenfalls zu nennen sind Krankheiten an den festen Körperteilen wie Knochen, Zähnen, Nägeln. Ebenfalls zugeordnet sind Störungen des Geruchssinns, wie völlige Unempfindlichkeit der Geruchsnerven oder Hypersensibilität. Ausgeglichene körperliche Funktionen erleichtern die Ausscheidungsvorgänge.

Störungen im *emotionalen* und *Verhaltensbereich* haben ihren Auslöser in der tief verankerten Unsicherheit, überleben zu können. Zu diesen Störungen gehören Zögern, Trägheit, Fernsehsucht, übertriebener Geiz, Habsucht und Besorgnis ebenso wie Kaufzwang, Prahlerei, Spielleidenschaft, Waghalsigkeit, Panikanfälle, Terror und Gewalttätigkeit. Solche Menschen werden oft als Sturköpfe oder

Terroristen bezeichnet. Emotionale Ausgeglichenheit schafft das sichere Gefühl, überleben zu können.

Zu den Störungen im *spirituellen* Bereich zählt vor allem eine extreme Bodenständigkeit, die feinstofflichen Energien keinerlei Bedeutung beimißt. Ausgeglichenheit im spirituellen Bereich holt das Himmelreich auf die Erde.

Fragen: Kann ich es schaffen? Was ist, wenn ... ich versage? Was ist, wenn ich es schaffe? ... ich einsam bin? Was ist, wenn ich damit nicht fertig werde? ... ich umsonst kämpfe? ... ich nichts habe, wofür ich kämpfen könnte? ... ich aus meiner Depression nicht rauskomme? ... ich verrückt werde? ... ich jemandem weh tue? ... mich keiner will? ... ich zurückgestoßen oder verlassen werde? ... ich sterbe, bevor ich gelebt habe?

Erster Vers

Nimm dich nicht so ernst

Egal, wie beschissen man sich fühlt,
egal, wie die Angst in einem wühlt;
den Ernst am besten ganz vergessen,
die Unsicherheit wird niemand messen;
vergangen, vergessen, vorbei,
das ist sowieso einerlei;
Nimm dich selbst nur halb so ernst,
damit du richtig lachen kannst.

I. Überleben

Ich war eine ganz normale kosmische, gesetzesfürchtige Durchschnittsbürgerin, die sich nach etwas Anerkennung und Frieden sehnte. Ich hoffte, ich würde Wege finden, um mich besser zu fühlen, sicherer und glücklicher, aber es ging nicht ... Überleben war zu einem 24-Stunden-Job geworden. Ich machte mir Sorgen. Der Kampf ums Überleben kann einen wirklich die letzten Nerven kosten. Ich hatte Angst. Man kann leicht Angst kriegen. Wenn ein übereifriger Computer nur eine kleine Rakete abschießt, ist einem schon der ganze Tag versaut.

Ich wußte nicht, wer ich bin, und ich hatte Angst, daß ich es auch niemanden hätte erzählen wollen, falls ich es jemals rausfinden würde. Alles, was ich von mir kannte, waren verzerrte Spiegelbilder. Ich hatte immer nur gehört: »Du bist zu dünn ... zu dick ... zu langsam ... zu hübsch ... zu blöd ... zu clever ... zu faul ... zu sexy ... oder Onkel John zu ähnlich.« Ich brauchte die Kritik meiner Mutter wie die Weihnachtsgans Weihnachten. Als mir klar wurde, daß die Menschen ein bißchen Liebe und ehrlich gemeintes Lob als Lebenselixier nötig haben, fragte ich mich, wie ich es überhaupt je geschafft hatte, aus dem Bett zu kommen.

Ich war der Meinung, daß alle anderen mehr wußten, ein besseres Leben, mehr Freunde, saubere Toiletten, weißere Zähne und ein erfüllteres Sexualleben hätten als ich. Irgendwie schaffte ich es, mich unwichtiger, wertloser, einsamer und älter als alle anderen zu fühlen. Ich war erleichtert, als ich herausfand, daß andere Leute die gleichen Dinge eingeredet bekamen, ebenso voller Selbstzweifel steckten und voller Sehnsucht nach Anerkennung hungerten. Als ich entdeckte, daß ich gar nicht so viel anders war als andere, daß jeder irgendwann deprimiert, traurig, wütend und voller Angst ist, war ich überglücklich. Als ich merkte, daß wir alle Liebe und Zärtlichkeit brauchen, oder zumindest das Gefühl, daß man uns mag und zuhört, fing ich an zu begreifen, daß ich völlig normal war. Das war das erste Mal, daß ich mich als Teil einer Gruppe fühlte: der der Normalen. Ab da wurde es leichter zu überleben. Ich hatte das Gefühl, dazuzugehören.

Nachdem ich jahrelang gehört hatte: »Was denkst du eigentlich, wer du bist?«, war ich natürlich etwas verunsichert. Ich machte mir um alles mögliche Sorgen: daß ich nicht mithalten könnte, daß ich auf dem Wege wäre, verrückt zu werden, darüber, wie ich ohne Mann weiterleben sollte, daß ich zurückgestoßen, betrogen, verlassen und depressiv würde, daß ich Karriere machen oder es nicht »schaffen« würde, daß ich alt werden oder vielleicht sogar sterben würde, bevor ich richtig gelebt hatte. Ich machte mir Sorgen um meine Kinder, wenn sie abends zu spät oder zu früh nach Hause kamen, oder ob sie womöglich zu gute Noten hatten. Mein Gott, war ich vielleicht stinknormal!

Ich begann zu begreifen, wie sehr sich unsere Probleme ähneln und wie isoliert wir sein mußten, daß wir das nicht sahen. Die meisten Menschen haben zum Beispiel Angst davor, betrogen zu werden. Das ist ja auch völlig verständlich, wenn man bedenkt, daß wir normalerweise schon im zarten Alter von vier Jahren das erste Mal betrogen werden, wenn wir entdecken, daß der Weihnachtsmann nichts als Lüge ist. Wie soll ein Kind danach noch irgend jemandem trauen?

Meine Selbstachtung konnte nicht gedeihen, weil ich einen Mann geheiratet hatte, der dort weitermachte, wo meine Eltern aufgehört hatten. Er war davon abhängig, daß ich von ihm abhängig war. Ich wollte Therapeutin werden, um die Menschen davor zu bewahren, aus Kummer und Ärger vorzeitig zu sterben. Er hingegen wollte, daß ich einen Kochkurs machte. Trotz meiner Angst davor, abgelehnt zu werden, schleppte ich mich jedoch zu der von mir erwählten Schule, nur um festzustellen, daß ich die Ausbildung ohne seine Unterstützung nicht bezahlen konnte. Ich war ein armes kleines reiches Mädchen, das in einem protzigen goldenen Vorstadtkäfig gefangen war. Sobald ich merkte, daß ich in einem Gefängnis saß, plante ich den Ausbruch.

Ich hatte zwei Töchter und war schwanger. Nachdem meine neugeborene dritte Tochter auf der Säuglingsstation auf tragische Weise ums Leben gekommen war, konnte ich weder meiner Trauer noch des Blutstroms Herr werden, der sich aus mir ergoß. Der Eingriff, der die Blutungen zum Stillstand bringen sollte, brachte auch mein Herz zum Stillstand. Während dieser Nahtodeserfahrung erhielt ich die besten Botschaften meines Lebens: Ich ging durch eine Reihe erleuchteter Torbögen und hörte Stimmen, die mir sagten, daß mein Leben einen Zweck hätte und daß es zum Sterben zu früh sei. Ich kam aus dem Krankenhaus nach Hause und wußte, daß mein Leben eine neue Richtung nehmen würde.

Ein paar Monate später betrachtete ich zum letzten Mal das kristallklare Wasser in meinem designergestylten Swimmingpool, um den mich sämtliche Nachbarn beneideten. Dann hielt ich feierlich eine Dose Wischwachs über meinen Kopf, ähnlich wie Scarlett O'Hara in der berühmten Filmszene, goß den Inhalt mit dramatischer Geste ins Wasser und schwor mir, nie wieder einen Küchenboden zu wachsen. Ich verbrannte meinen BH und tauschte meine platinblonde Perücke gegen eine Baskenmütze ein. Zum Glück ist Überleben instinktiv. Ich nahm meine zwei Kinder, meinen Hund und den Rest meines Verstandes, packte meinen Kombi mit meinen Bildern voll und brauste mit zwei platten Reifen davon.

Ich hatte Jahre in der Kunsthochschule verbracht, vor allem deswegen, weil der Kaffee in der Cafeteria dort so vorzüglich schmeckte. Jetzt entschloß ich mich, meinen Lebensunterhalt mit dem Verkauf der Bilder zu verdienen, von denen ich annahm, daß niemand sie haben wollte. Ich kaufte ein altes Haus von einer Frau, die überzeugt war, daß ich eine erfolgreiche Malerin werden würde, weil ich Sandalen trug, diese Baskenmütze aufhatte und häufig »voilà« sagte. Ich dachte, daß das urige schiefe Dach zu mir halten und es so lange packen würde, bis ich es gepackt hatte. Wir irrten uns beide. Das Dach kollabierte während eines denkwürdigen Wolkenbruchs, der auch meine Bilder und meine Hoffnungen die überfluteten Straßen hinunterschwemmte.

Ich nahm meinen gewöhnlichen, kosmischen, gesetzesfürchtigen Körper und legte ihn auf die Couch eines Psychiaters. Dieser versicherte mir, daß er mich mit ein bißchen Zeit und einer Menge Beruhigungstabletten von meinen Ängsten befreien könnte. Ich sah ihn husten und gedankenverloren seine Zigarette in der Konfektschale ausdrücken, während er krampfhaft vermied, mir in die Augen zu schauen. Als ich ihn verließ, hatte ich ein Dauerrezept für Valium in der Tasche und fragte mich, warum er zu glauben schien, daß nur ich Hilfe brauchte.

Was sollte ich tun? Jedesmal wenn ich dachte, ich hätte die Antworten, hatten sich die Fragen geändert. Ich war so nervös, daß ich Kaffee trank, um mich zu beruhigen. Ich betrachtete mich eingehend im Spiegel. Einige Leute sahen aus, als ob ihr Körper an einem Kleiderbügel hinge; ich sah aus, als hätte ich einen verschluckt. Ich war immer das dünnste Kind in der ganzen Nachbarschaft gewesen, und daran hatte sich auch nichts geändert. Mein Rücken war dank jahrelanger Bestrebungen, meine Brüste durch meine Schultern zu verstecken, so rund wie ein Fußball geworden. Ich wußte, daß ein gesundes Maß an Angst anzeigte, daß die Gehirnzellen noch in Betrieb waren. Bei mir jedoch lauerten die Traumata meiner Kindheit in jeder Zelle meines Körpers. Sie hingen nicht einfach so herum und warteten. Sie schwenkten ihre Fähnchen und verlangten ihren Tribut. Ich wußte, daß ich einen Teil meiner Anspannung loswerden mußte, weil ich mich sonst bald um gar nichts mehr zu sorgen brauchte.

Meine Kinder unterstützten mich in meiner Suche nach innerem Frieden. Wer will schließlich eine Mutter, die man nur zu den Besuchszeiten sehen darf? Sie ermutigten mich, die Initiative zu ergreifen ... auch wenn diese Initiative sich auf den Gang zu Ärzten, Rechtsanwälten, Therapeuten, Bars und Single-Treffen erstreckte.

Irgendwann fand ich mich in einem Kundalini-Yoga-Kurs in einem Ashram in Texas wieder, zusammen mit einigen turbantragenden Excowboys. Da ich über Kundalini etwa ebensoviel wußte wie über das Sexualleben eines verkrüppelten Huhns, entspannte ich mich, und mein Lehrer begleitete mich auf der ersten inneren Reise meines Lebens.

Ich hatte schon ein bißchen Hatha-Yoga gemacht, aber dieses Kundalini war schnelle Bewegung, Dynamik, Konzentration und Spaß zugleich. Während der Sitzung hatte ich keine Zeit nachzudenken, und deswegen fühlte ich mich, als hätte ich eine Dauerfahrkarte in die glücklicheren Gefilde meines Bewußtseins in der Tasche. Am Schluß war ich so entspannt, daß ich mir keine Sorgen mehr machte, was ich mit dem Rest meines Lebens anfangen sollte.

Gott sei Dank, daß ich Charlie hatte. Er ist der Typ von Freund, den jeder gerne hätte. Wenn Charlie lächelte, schmolz sogar der Schnee auf dem Kilimandscharo. Ich gab meine Ängste zu und öffnete mich ohne Vorbehalte. Als ich ihm erzählte, daß ich Angst hatte, zurückgewiesen zu werden, versicherte er mir, daß ein paar ordentliche Zurückweisungen mich schon kurieren würden. Ich glaubte Charlie. Ich fing an, Zurückweisungen zu sammeln. Als ich herausfand, wie einfach es war, schaffte ich es ohne Mühe, mir jede Woche ein paar einzuhandeln.

In einem Fahrstuhl fragte ich einmal einen sehr attraktiven Mann, ob er mit mir zu Abend essen wolle. Ich hielt den Atem an und hoffte auf eine schnelle Abfuhr. Statt dessen lächelte er, nahm meine Hand und bot mir einen Job in seiner Bank an.

Als ich Charlie erzählte, daß ich Angst hätte, verrückt zu werden, lachte er und sagte: »Jeder normale Mensch wird verrückt, wenn er von der Natur abgeschnitten ist.«

Jetzt war ich mit Lachen dran. Ich fühlte mich in den Wäldern genauso zu Hause wie ein Bär auf einem Bidet.

»Die Leute drehen durch, wenn sie ständig mit Überbevölkerung, Politik und zuviel Fernsehen konfrontiert werden«, sagte Charlie sanft.

Ich stellte mir die Autobahnen zur Zeit des Berufsverkehrs vor, die Politiker und die unbarmherzigen Forderungen der Fernsehwerbung, jung, geruchsfrei und gertenschlank zu bleiben.

»Viele Leute werden verrückt, wenn sie versuchen, so zu leben, wie es die anderen von ihnen erwarten«, sagte Charlie. Ich hatte Visionen von mir, wie ich mit dunkelrot geschwollenen Halsschlagadern schrie und um die Anerkennung der anderen bettelte.

Charlie sagte: »Laß ruhig zu, daß du schreist, weinst oder lachst, dann brauchst du dir keine Sorgen zu machen, daß du verrückt wirst. Wenn alles andere nichts hilft, dann kannst du so damit fertig werden.«

Ein paar Tage später kam ich etwas benommen vom Zahnarzt nach Hause. Ich entdeckte, daß meine Waschmaschine sich selbständig gemacht hatte. Der Küchenboden stand unter Wasser, und meine Hündin brachte es fertig, auszurutschen und sich ein Bein zu brechen. Als ich mit kochendem Kühler vom Tierarzt zurückkam, war noch Zeit genug, eine gerichtliche Vorladung zu bekommen, die ich meinem Nachbarn verdankte, der mich völlig unberechtigterweise wegen zu lauter Musik angezeigt hatte. Es blieb auch noch die Zeit, mir das Handgelenk beim Aufstellen eines antiquierten Bügelbretts zu verstauchen und mich mit einem fachlich minderbemittelten, aber sexuell überbelichteten Installateur rumzuschlagen. Als meine Kinder dann aus der Schule kamen, lief mein Körper ohne mich herum, da mein Geist ausreichend gesunden Menschenverstand besessen hatte, ihn rechtzeitig zu verlassen.

Dann hörte ich: »Versuch nicht zu verstehen – laß dich einfach gehen!«

Ich schloß die Schlafzimmertür hinter mir ab, schmiß mich aufs Bett und fing an, so zu treten, zu schreien, zu heulen und um mich zu schlagen, daß mein Nachbar nicht nur seine Anzeige zurücknahm, sondern mir sogar eine Belohnung dafür anbot, Musik zu machen.

Die Erleichterung, die ich nach diesem Koller verspürte, war so groß, daß ich mich fragte, warum man das nicht in der Schule als Unterrichtsfach lehrte. Meine Kinder durften noch nicht mal auf dem Spielplatz der Schule schreien. Ich protestierte gegen diese Erziehungspolitik. Es brachte mir nichts ein. Der Direktor stufte mich als eine dieser frustrierten Frauen ein, die ihre Nase in alles reinstecken müssen.

Charlie hatte recht. Nach dem Gefühlsausbruch wußte ich, daß ich nicht verrückt werden würde, solange ich weinen, schreien und lachen konnte. Aber wie konnte ich bloß meine Mutter davon überzeugen? Sie meinte sowieso, daß ich verrückt sei, denn nur eine verrückte Frau konnte einen Mann verlassen, der so viel Geld verdiente wie der meinige. Meine Töchter erklärten mich für verrückt; nur eine Verrückte konnte ihnen zum Frühstück Spaghetti vorsetzen.

Ich beschloß, meinen Töchtern beizubringen, wie man einen Wutanfall bekommt, aber letztendlich brachten sie es mir bei. »Du mußt noch fester treten, Mami«, lachten sie. »Schrei lauter! Laß es raus!«, ermutigten sich mich. Zusammen fanden wir heraus, daß das einzige, was noch besser ist, als sich auszuweinen, ein großes Gelächter ist.

Während meiner Kindheit, zu Hause bei meiner Mutter, war Lachen ebenso tabu wie Pfeifen und wurde mit entsetzt aufgerissenen Augen, erhobenem Zeigefinger und vernichtenden Bemerkungen quittiert. Außerdem brüstete sich meine Mutter mit ihrer Fähigkeit, niemals über irgend etwas zu lachen.

»Es ist nicht meine Schuld«, dachte ich an einem trübsinnigen Tag im Ashram, an dem ich mich mit meinem Körper rumschlug und verlor. »Ich bin halt ein Schwächling.« Ich versuchte, meine Beine in eine Yoga-Haltung zu stecken, aber da sie zwanzig Jahre lang nicht in dieser Weise gedehnt worden waren, widersetzten sie sich. Meine Zehen zu erreichen war in etwa so wahrscheinlich wie eine Goldmedaille bei den Olympischen Spielen zu gewinnen. »Ich bin halt ungelenkig«, dachte ich und betrachtete voll innerer Verachtung einen achtzehnjährigen Könner, der vor mir saß.

Ein paar Minuten später stand ich in einer Kundalini-Yogahaltung, die »Bogenschütze« heißt, ausbalanciert wie ein Bogenschütze, der mit den Armen einen Bogen gespannt hält. Wir mußten eine Ewigkeit in dieser Stellung verharren. Es waren zwar nur neun Minuten, aber es kam mir vor wie eine Ewigkeit.

Gerade als ich aufgeben und in mich zusammensacken wollte, sagte eine Stimme: »Du glaubst nur, daß du es nicht schaffst . . . halte durch, du kannst es. Du meinst nur, du seist nicht stark genug, aber du kannst es schaffen!«

Plötzlich blitzten Bilder vor meinem geistigen Auge auf. Ich sah mich als Indianerin, die ihre Familie vor einem angreifenden Rhinozeros bewahrt. Dann sah ich mich als Johanna von Orleans, die King Kong abwehrt.

»Noch neunzig Sekunden«, verkündete der Lehrer.

Ich sah mich als Wilhelm Tell, der seinem Sohn einen wurmstichigen Apfel vom Kopf schießt.

»Zehn Sekunden«, flüsterte der Lehrer, und ich wußte, ich hatte es geschafft. Mein Gesicht explodierte zu einem Lächeln. Ich hatte nur gemeint, ich sei eine schwache, zarte Blume. In Wirklichkeit war ich Herkules, getarnt als magere Durchschnittsfrau. Ich konnte es wirklich. Der Schmerz verschwand, und ich fühlte mich, als ob ich die Übung bis in alle Ewigkeit hätte weitermachen können.

»Einatmen«, sagte der Lehrer tonlos, und ich durchbrach meine physischen Grenzen. Ich hatte es geschafft! Ich war frei von selbstauferlegten Grenzen und hemmenden Glaubenssätzen.

Danach lag ich auf einem sauberen weißen Laken, das über den alten grauen Teppich des Ashrams gebreitet worden war, hörte einem ehemaligen Schlagzeuger zu, wie er den Gong schlug, und verspürte absoluten Frieden. Ich hatte keine Angst mehr. Mein ganzes Glaubenssystem verdunstete, genau wie mein Schweiß. Ich fühlte mich sicher, voller Selbstachtung, und wußte, daß ich es mit allem aufnehmen konnte. Ich hatte die Weisheit meines Körpers ohne Beeinflussung durch meinen Verstand erfahren.

An diesem Abend machte ich eine Liste meiner Glaubenssätze, und Charlie fragte dann jedesmal: »Wer hat dir das gesagt?« und »Woher weißt du das?« Als wir fertig waren, fühlte ich mich wie ein nacktes Stachelschwein, nur weicher. Jeder Glaubenssatz hinderte mich daran, etwas zu begreifen. Zu glauben, man müsse beim Popcornmachen den Topf schütteln, hinderte mich daran zu begreifen, daß das gar nicht nötig ist ... das Popcorn springt von ganz allein auf. Zu glauben, Hunde bräuchten Fleisch, hinderte mich daran zu lernen, daß vegetarisch gefütterte Hunde ebensolange leben und genauso gesund, glücklich und geil sind.

Jeder der Glaubenssätze stammte von irgend jemand

anderem. Ich hatte immer das geglaubt, was man mich gelehrt hatte, und das getan, was man mir befohlen hatte. Kein Wunder, daß ich genauso redete wie meine Mutter. Ich dachte wirklich, meine Mutter hätte immer recht. Um geliebt zu werden, mußte ich dünn sein; ich mußte es meinen Eltern, meinem Mann und meinen Kindern recht machen; vorbildliche Mütter blieben zu Hause; wenn ich ein großes Haus, ein großes Auto, ein großes Bankkonto und einen Großverdiener zum Mann hatte, dann konnte ich mir auch eine große Klappe leisten.

Ich glaubte, daß die Menschen entweder super oder scheiße waren, und ich spielte dieses »Super-Scheiße-Spiel« so gut, daß ich mit den Worten »Die lügen«, im Handumdrehen eine ganze kulturelle Bewegung abtun konnte.

Ich betrachtete die Regierung als Ersatzeltern, die, falls nötig, statt meiner Eltern zu meinem Schutze antreten würden. Ich glaubte, daß jeder außer meinen Blutsverwandten sich voll Ekel abwenden würde, wenn ich Hilfe brauchte. Alle Frauen waren Konkurrentinnen, und man durfte ihnen nicht trauen. Die Männer wollten sowieso immer nur »das eine«, und wenn ich es machte, bevor ich verheiratet war, dann erfuhr es bestimmt jeder.

Mit 28 Jahren glaubte ich, daß ich zu alt sei, um mich zu ändern. Ich glaubte, daß kein Mann eine ältere Frau mit zwei Kindern haben wolle und daß ich an meinem dreißigsten Geburtstag aufwachen würde, um festzustellen, daß mein einstmals so aufregender Körper nur noch aus zerknitterten Hautfalten, schlaffen Muskeln und brüchigen Knochen bestand.

Warum sollte ich mir über das Altern keine Sorgen machen? Ich glaubte, daß man mich, wenn ich im sexuellen Wettbewerb nicht mehr mithalten konnte und auch keine reiche, alte Lady wäre, fallenlassen würde. Ich hatte Angst davor, schwächlich, abhängig und sexuell unattraktiv zu sein und klebrige Spaghetti ohne Sauce essen zu müssen. Sogar junge Leute machen sich Sorgen ums Älterwerden in einer Gesellschaft, die alte Leute aufs Abstellgleis schiebt. Kein Wunder, daß einige Leute mehr Zeit damit verbringen, über das Alter nachzudenken, als wirklich alt zu sein.

»Zwischen den Sorgen ums Altwerden und dem Altsein besteht ein Unterschied«, sagte Charlie lachend. »Die Sorgen kann man angehen. Wenn du deine Glaubenssätze änderst, änderst du auch dich selbst«, fügte er hinzu.

Nach einer genauen Untersuchung meiner Glaubenssätze hatte ich das Gefühl, die Ursünde erfunden zu haben ... und war bereit, mir ein paar ureigene Gedanken zu machen.

Ich beschloß, mich als erfolgreiche alte Frau zu sehen. Ich hörte mich mit volltönender Stimme sprechen, die aus einem immer noch kräftigen Körper kam. Ich sah mich von schönen alten Männern umringt, die sich nach mir verzehrten, und ich sah graziös, zufrieden und müde aus. Ich stellte mir meine Seele mit ebenso vielen Falten vor wie mein Gesicht, und ich sah vor meinem geistigen Auge ebenso viele Liebhaber wie gute Freunde.

Statt mir kleine, biestige Männchen mit Mistgabeln vorzustellen, die nach meinem Tod auf mich warteten, oder weißgeflügelte Engel auf duftigen Wölkchen, sah ich meine Wiedergeburt auf einem entlegenen Stern.

Ich hatte geglaubt, daß wir allein geboren werden und allein sterben und daß die Einsamkeit ein Teil unseres Lebens sei. Natürlich machte mir die Einsamkeit Probleme. Ich wußte genau, daß nach der Scheidung von meinem Mann niemand mehr mit mir sprechen würde.

»Warum sind die meisten Menschen, die ich kenne, einsam?« fragte ich Charlie.

»Weil die Gesellschaft eine Kluft geschaffen hat zwischen dem, was wir sind, und dem, was wir glauben, sein zu müssen. Jeder braucht das Gefühl der Zugehörigkeit, und jeder muß sich mit der menschlichen Rasse identifizieren können. Einsiedler sind doch auch bloß Menschen, die sich anderen Einsiedlern zugehörig fühlen.«

»Und was kann man da machen?« fragte ich.

»Wie fast alle gesellschaftlich bedingten Krankheiten ist Einsamkeit mit dem A–Z des Lebens heilbar.«

Ich lauschte Charlie, als ob meine Ohren soeben entdeckte Antennen für höhere Bewußtseinsebenen wären.

»Annehmen: Was ist ... IST. Sich zugehörig fühlen: Menschen brauchen einander. Zu etwas stehen: Lebe das Lied, das du singst.«

Ich beobachtete, wie die Lichter in Charlies Augen wie kleine Sterne tanzten, als er hinzufügte: »Das Leben ist ein riesiges Klassenzimmer, und jeder Tag und jedes Leben lehrt uns etwas Neues.«

»Du weißt so vieles, Charlie«, sagte ich, »ich wette, du bist froh, daß du nicht in meiner Haut steckst.«

»Du wirst schon noch lernen, daß in deiner Haut eine Göttin steckt«, sagte Charlie strahlend.

»Ich traue mich fast nicht zu fragen, aber was ist eine Göttin?«

»Eine Göttin ist eine ganz normale Frau, die keine Angst hat.«

Spät in der Nacht saß ich vor meinem Spiegel und betrachtete mich mit freundlichen Augen. »Nimm es an, gehör dazu, gib dich hin«, beruhigte mich. Ich akzeptierte mich, wie ich war, obwohl ich noch nicht im entferntesten dem entsprach, was ich sein wollte. Ich fühlte mich gern anderen Menschen zugehörig. Ich wußte, daß ich, wenn ich mich an mein Leben wirklich so hingeben wollte wie an ein Lied, anfangen mußte, die Melodie zu lernen.

Als ich mir in die Augen sah, begann ich Sterne zu sehen. Plötzlich sah ich Sterne statt Falten, Krähenfüßen und Schrammen ... richtige Sterne! Als ich in diese Sternaugen hineinsah, verschwand die Angst vor dem Tod und dem Sterben. Ich wußte, daß ich keine Angst vor dem Tod haben würde, wenn ich mein Leben wirklich lebte.

Das zweite Chakra

Der Geschmack orangefarbenen Wassers

Sitz: Geschlechtsorgane

Klang: *Vam*

Farbe: Orange

Element: Wasser

Funktion: Sex

Sinneswahrnehmung: Geschmack

Zusammenhänge: zu den *physiologischen* Problemen zählen Störungen im Genitalbereich und an der Milz, Zysten, Tumore und Entzündungen im Bereich der Harnwege und der Fortpflanzungsorgane; Schmerzen im unteren Rükkenbereich, »Austrocknungskrankheiten« wie Arthritis und Arterienverkalkung (alles trocknet aus ohne Geschlechtsverkehr); man verliert den Geschmack am Essen, am Sex und am Leben. Ausgewogenheit im physischen Bereich führt zu einer besseren Verwertung von Nährstoffen.

Im *emotionalen* und *Verhaltensbereich* äußern sich Probleme durch das Ausbleiben sexueller Befriedigung und führen zu Anomalien im Sexualbereich wie Nymphomanie, Frigidität, Impotenz und vorzeitigem Samenerguß. Es kann ebenfalls zu einer Verschiebung der sexuellen Spannungen kommen, die sich in Selbstbefriedigung, feuchten Träumen, Alpträumen, Lippenbeißen, aber auch im übermäßigem Redebedürfnis, Lügen, Rauchen und unmäßigem Essen oder Trinken äußert. Ausgeglichenheit im emotionalen Bereich führt zu sexueller Befriedigung.

Im *spirituellen Bereich* erfolgt eine Aufspaltung von Liebe und Sex. Die Probleme äußern sich in der Unfähigkeit, Kreativität von sexueller Erregung zu unterscheiden, oder der generellen Ablehnung des Sexualtriebs, Ausgeglichenheit im spirituellen Bereich vereint die kreative, heilende Kraft der Sexualität mit ihren transzendentalen Eigenschaften.

Fragen: Wie wichtig ist Sex in meinem Leben? Bin ich pervers, abnorm, schlecht, gut, frigide, sexhungrig? Warum fühle ich mich schuldig? Wie stehe ich zur Selbstbefriedigung? Kann ich meine Gelüste unter Kontrolle halten? Was ist mit meinen Phantasien? Wieviel Lust ist zuviel? Schmecke ich gut? Bin ich ein Sexobjekt? Warum bin ich kein Sexobjekt? Bin ich beziehungsfähig? Ist Monogamie praktikabel?

Zweiter Vers

Göttliche Sexualität

Es niemals Gottes Absicht war,
daß dieses Ding, so wunderbar,
die Sexualität,
erzeug' in uns Neurosen,
bei manchen gar Psychosen.
Gott hat sie nicht gesät.
Es war sicher Gottes Wille,
daß Lieben uns erfülle
und wandle bloße Triebe,
die heilig' Gut verstecken.
Ein Schatz ist zu entdecken:
die Quelle ew'ger Liebe.

II. Sexualität

Sexualität ist der Duft der Rose, das Gefieder des Pfaus, das Funkeln im Auge. Sie ist die Grundlage unseres Seins. Sie ist Freuds Libido, da Vincis Kunst, Mozarts Musik, und sie war mein Verhängnis.

Es ist egal, ob ich der Religion, meiner Mutter oder Königin Viktoria die Schuld gab: Für mich war Sex gleichbedeutend mit doppeldeutigen Botschaften, doppeldeutigen Moralvorstellungen und Widersprüchlichkeiten. Natürlich fühlte ich mich schuldig. Ich war auf Schuldgefühle programmiert und wurde davon beherrscht. Vom ersten Daumenlutschen im Alter von sechs Monaten bis zu den Doktorspielen mit sechs Jahren wurden mir Schuldgefühle eingeredet. »Böses kleines Mädchen. Pfui, das tut man nicht. Faß dich da nicht an. Du wirst blind werden, behaart oder verrückt.« Meine Pubertät wurde wie eine ansteckende Krankheit behandelt. Wie kann man eine natürliche biologische Entwicklung als unanständig ansehen? Onanieren ist unser erstes Spiel. Wenn wir nicht lernen, mit uns selbst zu spielen, wie können wir dann lernen, mit anderen zu spielen?

Früher stellte ich mir oft vor, wie ich müde und entnervt nach Hause kam . . . und da stand meine Mutter. Sie lächelte mich über einen Berg frisch gebackener Plätzchen hinweg an und sagte: »Du siehst so angespannt aus, Herzchen. Warum gehst du nicht auf dein Zimmer und spielst vor dem Abendessen noch etwas an dir herum?«

Ich versuchte meine sexuellen Energien zu unterdrükken, aber ebensogut hätte ich versuchen können, einen Wirbelsturm in eine Papiertüte zu stopfen. Ich unterdrückte ihn so sehr, daß er sich von selbst Bahn brach, im Essen, Trinken, Rauchen, Lippenbeißen, Lügen, Klauen und in meinen Träumen. Wenn ich mal nicht an Sex dachte, dann redete ich davon. In allem sah ich Sexualität. Eine honigsaugende Biene machte mich ebenso verlegen wie ein französisches Stangenweißbrot. Ich wurde schon rot bei dem Gedanken, daß ich unter meiner Kleidung nackt war.

Eines schwülen Nachmittags kam ein Nachbarjunge unangemeldet vorbei. Er erwischte mich beim Onanieren und behauptete, ich sei lasterhaft. Ich wußte, er lag falsch, denn »Müßiggang ist aller Laster Anfang«, und ich war den ganzen Nachmittag sehr beschäftigt gewesen. Obwohl man mir eingeredet hatte, meine sexuellen Bedürfnisse seien lasterhaft, hatte mich das nicht überzeugt. Ich wußte: Was so gut tat, konnte nicht schlecht sein.

Dann, nach Scheidung, Nervenzusammenbruch und einem Jahr sexueller Enthaltsamkeit stellte ich eine Liste auf mit 182 meiner dringendsten Fragen. Sie reichten von der lächerlichen: »Ist nach 90 noch ein mehrfacher Orgasmus möglich?« zu der feinsinnigen Frage: »Ist es möglich, zugleich sinnlich und heilig zu sein?«

Meine Schlußfolgerung war, daß ich, was Sexualität anging, verwirrt war. Das ist nicht überraschend, wenn man bedenkt, daß ich mit folgenden Glaubenssätzen aufgewachsen war: Anständige Mädchen tun das nicht; sie haben nicht mal Lust dazu. Bis wir verheiratet waren, durften wir »es« nicht tun, und dann mußten wir »es« tun, ob wir Lust dazu hatten oder nicht. Menschen tun »es« immer. Wenn die Gesellschaft sagt: »Tu's nicht«, taten wir's trotzdem und wurden von Mutter dafür bestraft. Heutzutage sagt die Gesellschaft: »Tu's doch!« Wir machen's und ziehen uns den Zorn von Mutter Natur zu.

Während meiner Ehe war Sex eine hochdramatische Angelegenheit: vorgetäuschte Leidenschaft und preiswürdig simulierte Orgasmen. Nun war ich plötzlich frei, »es« mit jedermann zu tun, und Schuldgefühle verkrümmten meinen Körper zu einem riesigen Fragezeichen. Ich wurde hin und her gerissen zwischen dem Wunsch, mich hinzugeben ... und der Angst, mir etwas einzufangen.

Ich wußte, Promiskuität ist schmerzhaft. Das ist kein moralisches Urteil, das ist eine Tatsache. Promiskuität verhindert Frieden. Das Abenteuer einer Nacht konnte sich, dank Geschlechtskrankheit, Herpes und AIDS, zu einem Dauerbrenner entwickeln. Um Schuldgefühle wegen meines einzigen Ausrutschers zu vermeiden, redete ich mir ein, das würde nun die bedeutendste Beziehung meines Lebens werden. Mein Gott, war ich überrascht, als ich sein Bild in der Zeitung sah. Ich hatte nicht einmal seinen richtigen Namen gekannt.

Als ich mit Charlie über meine Verwirrtheit sprach,

sagte er: »Verwirrtheit ist, wenn dein Verstand nicht hören will, was dein Herz sagt.«

Plötzlich wurde mir klar, daß es unmoralisch war, Orgasmen vorzutäuschen. Indem ich ein ausgefülltes Sexualleben vortäuschte, hatte ich Ziele, Werte und einen Lebensstil unterstützt, welche ich nicht achtete. Ich achtete mich selbst auch nicht. Nachdem ich nun weniger verwirrt war, fühlte ich mich dafür um so schuldiger.

Als ich Charlie fragte, ob es möglich sei, sich nicht mehr schuldig zu fühlen, sagte er: »Du hast die Gewohnheit, dich schuldig zu fühlen.«

»Klar«, sagte ich, »die ganze Gesellschaft wartet doch nur darauf, daß ich irgend etwas verpatze. So haben sie was zu tun.«

»Menschen, die sich schuldig fühlen, kann man leichter beherrschen«, meinte Charlie lächelnd. Dann sagte er: »Sich schuldig zu fühlen, ist eine schlechte Gewohnheit, die man gegen ein gute eintauschen kann; aber man kann sich eine Gewohnheit, von der man nicht mal weiß, daß man sie hat, auch nicht abgewöhnen.«

Ich erstellte eine Liste von allen Dingen, die ich mit Regelmäßigkeit tat. Ich tat alles regelmäßig. Es gab so wenig Dinge, die ich spontan tat, daß ich mich nicht erinnern konnte, welche das eigentlich waren. Mein Leben war nur eine Abfolge von Gewohnheiten. Ich erzählte dieselben Geschichten, trug dieselben Farben, aß dieselben Dinge, fuhr zu schnell, log, was mein Alter betraf, wartete bis zur letzten Minute, um meine Steuern zu bezahlen, gab mit allem an, las auf dem Klo, trank jeden Tag Kaffee, kritisierte jeden, kaufte immer in denselben Geschäften ein. Es war niederschmetternd. Ich lebte zwischen meinen Gewohnheiten und Glaubenssätzen, als wäre ich auf automatische Steuerung geschaltet. Mir wurde klar, daß ich ungeliebte Gewohnheiten durch andere ersetzen mußte, weil ich sonst so wenig Eigeninitiative an den Tag legte, daß die Leute glauben konnte, ich sei tot.

Ich nahm mir meine Liste vor und ersetzte sorgfältig die Gewohnheiten, die ich nicht mehr mochte. Ich hörte mit dem Rauchen auf und fing dafür an, tief durchzuatmen. Ich hörte auf, Geld zu sparen, und gab es statt dessen aus. Ich hörte auf, Valium zu nehmen, und blieb statt dessen die ganze Nacht wach. Anstatt wie alle anderen normal in der Schlange zu stehen, balancierte ich auf einem Bein. Anstatt zu lesen, schrieb ich auf dem Klo. Ich begann mit der linken Hand meine Zähne zu putzen, zu essen und zu unterschreiben. Meine Schecks platzten, und ich hatte drei Löcher in den Zähnen und wurde beinahe verhaftet, als ich durch einen Supermarkt hastete.

Mich zu sorgen, war ein Angewohnheit, die mir Sorgen machte. »Wie habe ich mir bloß angewöhnt, mir dauernd Sorgen zu machen?« fragte ich mich besorgt. Ich versuchte mich an eine Zeit zu erinnern, in der ich mir keine Sorgen gemacht hatte. Ich konnte mich nicht erinnern. Ich habe mir schon immer Sorgen gemacht. Seit ich Nägel kauen konnte, hörte ich den Satz: »Du bist ein Typ, der sich dauernd Sorgen macht.«

Ich war geistig so abgelenkt, daß ich nicht wahrnahm, was um mich herum vorging, und ich wußte genau, daß mir wegen wirklich ernster Dinge, wie Tod oder Scheidung, keine grauen Haare wachsen würden. Was mich einmal ins Grab bringen würde, war die Sorge um Dinge, die sowieso nie eintraten. Aber erst als ich sah, wie ich aussah, wenn ich mir Sorgen machte, begann ich ernsthaft, meine Gewohnheiten zu ändern.

Jedesmal wenn ich anfing, mir Sorgen zu machen, sagte ich ganz bewußt zu mir: »*Dawa*: Denk an was anderes!«

Dawa wurde mein Rezept, um mein sorgenvolles Gemüt zu ändern. *Dawa. Dawa, Dawa* wurde mein erstes Mantra, und ich wiederholte es, bis ich wirklich an etwas anderes dachte. Aber die Änderung meiner Einstellung nahm meine ganze Zeit in Anspruch, und ich fühlte mich noch immer schuldig.

Charlie lachte: »Gratuliere. Im Ändern von Gewohnheiten bist du Spitzenklasse, aber was willst du wirklich?«

»Das, was alle Welt will: viel Liebe, richtig lachen können, und ein wenig Frieden.«

Charlie sagte: »Du bist viel zu gefangen in deinen Gewohnheiten, um zu lieben; du nimmst dich viel zu ernst, um richtig lachen zu können, und innerer Friede braucht Übung.«

Und wieder war ich verwirrt. Mein Verstand machte es meinem Herzen schwer.

Charlie lächelte sein ›Ich-lieb-dich‹-Lächeln und sagte: »Warum machst du dir Sorgen? Du bist eine Mischung aus Gewohnheiten und Überzeugungen. Du bist ganz normal.«

»Von jetzt an nicht mehr«, sagte ich. »Ich habe mich entschlossen, meine persönliche Vergangenheit auszulöschen, und hiermit vergesse ich alle meine Glaubenssätze. Von dieser Minute an glaube ich gar nichts mehr.«

Auf dem Nachhauseweg fragte ich mich besorgt, ob ich überhaupt etwas wußte. Ich fragte mich, ob irgendeine meiner Überzeugungen begründet war. An einer roten Ampel sah ich zwei Frauen Hand in Hand. Ich beobachtete sie und fragte mich, ob sie »es« taten und wie. Dann stellte ich mir vor, wie sie »es« taten, und statt meiner alten Überzeugungen stellte sich die Überlegung ein, ob Homosexualität nicht eine Methode der Natur sein könnte, das Bevölkerungsproblem dieses Planeten auf friedliche Weise zu lösen. Wenn Menschen sich zum anderen Geschlecht hingezogen fühlen, warum dann nicht auch zum eigenen Geschlecht. Sie müssen es nur wollen. Ich fragte mich, ob der Grund, warum ich bisher nur mit Männern geschlafen hatte, der war, daß ich einfach glaubte, es wäre falsch, mit einer Frau zu schlafen.

In jener Woche ließ ich mich von einer schönen Frau verführen, die mich auf ihr Zimmer mitnahm, mich erst um die Besinnung und dann zu Verstand brachte. Sie liebte mich ohne Vorbehalte. Sie war so zärtlich, daß sich all meine Vorurteile in Luft auflösten. Ich glaubte es nicht nur, jetzt wußte ich, daß gleichgeschlechtliche Beziehungen mehr als nur Sex sein können.

Ich erkannte, daß jede meiner Gewohnheiten eine Überzeugung stützte. Ich färbte mir zum Beispiel die Haare blond, weil ich glaubte, Blondinen hätten mehr Spaß.

Ich fragte mich, wie ich jemals folgendes hatte glauben können: daß Frauen weniger starke sexuelle Bedürfnisse als Männer hätten; daß ich mich meiner Geschlechtsteile schämen müsse; daß einmal die Woche Sex zu haben, viel sei; daß mehrfache Orgasmen ein Mythos wären, daß ich verlassen werden würde, wenn ich kein Mundwasser benützte; und daß ich einen Penis so nötig hätte wie ein Rettungsschwimmer Schlittschuhe.

Als Kind glaubte ich, Sex sei gefährlich. Was sollte ich sonst glauben? Sex brachte mich dauernd in Schwierigkeiten. So gewöhnte ich mir an, darüber zu phantasieren. Man braucht eine gute Vorstellungskraft, um großartige Phantasien zu haben, und meine Phantasien übertrafen die Wirklichkeit. Ob neurotisch oder erotisch – durch meine Phantasien blieb ich normal.

Während meiner Pubertät stellte ich mir vor, wie mein

Vater, groß und würdevoll, in der Tür meines Zimmers stand und sagte: »Ich bin so stolz, daß du zum aufregendsten Mädchen der Schule gewählt worden wurdest. Ich weiß, du wirst zu einer wundervollen Frau heranwachsen und gut im Bett sein.« Einmal stellte ich mir vor, meine Großmutter säße am Bett, ihr graues Haar glänzte im Mondschein, und sie sagte: »Ich bete, daß du deine bemerkenswerte sexuelle Triebkraft als Weg zu Gott benützt. Es mag eine Hintertür sein, aber ich habe viel öfter ›O Gott!‹ geschrien, wenn es mir bei deinem Großvater kam, als jemals in der Kirche.«

Als Charlie sagte: »Es ist deine Angewohnheit, dich schuldig zu fühlen«, machte ich mir sofort eine Liste meiner Schuldgefühle. Der erste Punkt auf der Liste war: »Ich fühle mich schuldig, weil ich auf den Mann meiner besten Freundin scharf war.« Ich wollte Vergebung. Ich glaubte, wenn ich beichtete, sei ich geheilt.

»Hallo, Doris? Ich bin's. Ich rufe an, um mich zu entschuldigen, daß ich deinen Mann verführt habe ... Nein ... Aber nein! Das war vor zwanzig Jahren, und es war auch nichts Ernstes. Ich hatte einfach noch nicht gelernt, meinen Sexualtrieb zu zügeln.«

Doris konnte sich nicht an meinen Namen erinnern. Wie auch? Seit sie mich kannte, hatte ich ihn dreimal geändert. Ich konnte sie nicht beruhigen, bevor sie auflegte, und ich verbrachte die Woche damit, mich schuldig zu fühlen.

»Kann ich mich ändern?« jammerte ich Charlie vor.

»Die, die sich nicht ändern wollen, bleiben dieselben.«

»Aber ich will mich doch ändern«, sagte ich mit Nachdruck.

»Die, die sich ändern wollen, werden nicht dieselben bleiben.«

In jener Nacht, nach einem heißen Bad, legte ich den Hörer neben das Telefon und ging früh ins Bett. Ich schloß meine Augen und stellte mir einen Mann vor, der mit mir einen Feldweg entlangging. Er war klein (ich hatte immer geglaubt, nur große Männer hätten einen tollen Penis). Er war glatzköpfig (ich hatte nur behaarte Männer schön gefunden). Er war dünn (ich hatte nur Gorillatypen für männlich gehalten). Er lächelte mich an. Sein Gesicht strahlte Wärme und Liebe aus, und er streckte mir die Arme entgegen. Er hatte nichts sexuell Aufreizendes an sich, eher etwas Beschützendes. Er hielt mich fest, und ich fing an zu weinen (ich hatte immer geglaubt, Männer könnten Frauentränen nicht ertragen). Sanfte, süße Tränen der Erleichterung flossen, als ich mich endlich sicher und verstanden fühlte.

Er setzte sich unter einen Baum und zog mich mit sich (ich hatte immer geglaubt, man bekäme Grasflecken und Ameisenbisse, wenn man auf der Erde sitzt). Es war das Paradies. Wir sprachen miteinander (ich war der Meinung gewesen, Männer sprächen mit Frauen nur darüber, was sie zum Abendessen wollten). Die Vögel sangen über uns, die Sonne schien für uns, und wir tanzten und wiegten uns im Rhythmus des Universums. Er hielt mich fest und sagte mir, ich solle nur das tun, wozu ich Lust hätte, das, was mich fröhlich und glücklich mache. Ich streckte die Hand aus und berührte vorsichtig sein Gesicht, dann tauchte ich ein in die Tiefe seiner seelenvollen Augen.

Ohne Zögern sagte ich ihm, daß ich mit ihm schlafen wolle (ich hatte geglaubt, nur der Mann könne den ersten Schritt tun). Er lächelte wissend und beruhigend und begann, während er mir intensiv in die Augen schaute, langsam mein ungeschminktes Gesicht zu streicheln (ich hatte geglaubt, ungeschminkte Frauen seien entweder faul oder lesbisch).

Mit Augen, Händen und Worten sagte er mir, ich sei

eine Göttin, und er wolle mich mit seinem Körper anbeten. Wir lagen zusammen auf der nackten Erde, und er liebkoste meine Zehen mit einer Zärtlichkeit, die ich nie zuvor erfahren hatte. Liebevoll steichelte er die Haare meiner Achselhöhlen (ich war überzeugt gewesen, Achselhaare seien ein Irrtum der Natur).

Seine Berührungen waren so zart wie Tautropfen auf einer Lilie. Er küßte meine Augenlider und betupfte sie mit seiner Zungenspitze. Er knabberte an meinen Fingerkuppen. Er massierte mit Hingabe meine Kopfhaut. Er lutschte an meinem Ohrläppchen, bis ich ein überwältigendes Verlangen spürte, zu lieben und geliebt zu werden. Er streichelte meine Finger, als ob sie magische Instrumente wären, von Gott gesandt, um himmlische Töne auf der Erde wiederzugeben.

Ich antwortete mit Seufzen, Niesen und starkem Husten ... aber ich wachte auf und wußte, ich würde meinen Partner finden.

Am nächsten Morgen rief in den Mann an, mit dem ich abends verabredet war, und sagte ab, da ich wußte, daß ich mich veränderte ... und das schnell.

Wieder im Ashram, »veränderte« ich meinen Körper. Ich machte eine Übung, die »Sat Kriya« genannt wird. Ich saß auf den Fersen, die Arme hoch in die Luft gestreckt, die Handflächen zusammengepreßt. Man soll dabei atmen, den Nabelbereich abwechselnd einziehen und entspannen und gleichzeitig die Muskulatur des After- und Genitalbereichs zusammenziehen. Das war eine Übung, bei der ich die erforderlichen sieben Minuten noch nie durchgehalten hatte. Ich war immer zu früh zusammengesackt. Die Übung verlangte Ausdauer, Praxis und Durchhaltevermögen. Gut ausgeschlafen und mit einem veränderten Bewußtsein wäre sie sicher leichter gewesen.

Da ich glaubte, ich könnte die Übung sowieso nicht schaffen, begann ich zu mogeln. Ich streckte nur die Arme in die Luft, ziemlich nahe an den Ohren, und hoffte, es würde echt aussehen. In diesem Augenblick sagte der Lehrer: »Betrüg dich nicht selbst.« Seine Worte drangen in mein sonst geistesabwesendes Gehirn ein.

Ich fühlte mich, als ob ich mein Land verraten, meine Kinder in die Sklaverei verkauft und meinen Hund für eine Vivisektion freigegeben hätte. Jetzt wußte ich, was Scham bedeutet.

Plötzlich erkannte ich den Unterschied zwischen Schuld- und Schamgefühl. Ich hatte keine Schuldgefühle, als ich die Hände meiner zweijährigen Tochter auf die heißen Rühreier legte, als sie im Restaurant nicht aufhören wollte zu brüllen . . . ich schämte mich. Schuldgefühle entstanden, wenn ich die Gesetze der Gesellschaft übertrat; Schamgefühle entstanden, wenn ich meine eigenen inneren Gesetze verletzte. Um mich nicht mehr schuldig zu fühlen, mußte mir vergeben werden . . . um mich nicht mehr zu schämen, mußte ich mir selbst verzeihen.

»Noch zehn Sekunden«, sagte der Lehrer. Ich pumpte mit meinem Nabel, spannte die Muskeln an und hörte: »In dem Moment, in dem du dich genauso annimmst, wie du bist, hast du dich verändert.« Ich pumpte und spannte die Muskeln an, sosehr ich konnte . . . und schaffte es. Langsam schwebten meine Arme, leicht wie Federn, herab. Ich war erfüllt von Leere, von einer friedvollen, stillen Ruhe. Dann überfluteten mich Wellen der Freude. Ich saß völlig ruhig und lauschte in meinen Körper hinein. Ich vertraute ihm. Mein Körper war die einzige immerwährende Quelle der Wahrheit, auf die ich vertrauen konnte. Der Schmerz der Schuld war vergangen, und an seine Stelle war Freude getreten. Ich hatte immer wieder gehört, daß Schuld schmerzte und daß Schmerz Freude verhinderte. Aber bevor ich die Schuldgefühle losließ und erlebte, wie der Schmerz verschwand, hatte ich keine Ahnung davon, wieviel Vergnügen ich empfinden konnte.

»Charlie«, sagte ich, vor Freude schier platzend, »du siehst eine Frau ohne Schuldgefühle vor dir, die weiß, was sie will! Ich will lachen und lieben bis zur Besinnungslosigkeit. Ist das hedonistisch?«

»Es ist intelligent.« Er lächelte breit.

»Es ist nicht leicht, sexy zu sein, Charlie, aber auch sexy Leute brauchen Liebe.«

»Und sogar Leute, die lieben, brauchen Sex«, sagte Charlie lachend.

»Ich will beides. Ich möchte meinen Sexualtrieb in einen fliegenden Teppich verwandeln, aber alleine schaffe ich das nicht. Sex an sich ist zwar ein gutes Heilmittel, egal, was meine Mutter sagt, aber ich will mehr als ein paar Liebesabenteuer. Ich möchte Liebesabenteuer mit einem Mann haben, der mit mir zusammen die Ekstase erleben will, die möglich ist, wenn man sich auf den anderen einläßt. Ich will einen Mann mit sensiblen Händen, der aufgeschlossen ist und ein offenes Herz hat; einen Partner, der mit mir das grenzenlose Heilungspotential entdecken möchte, das sich erschließt, wenn man zusammen einen Teppich aus heiliger Sinnlichkeit webt ... genau, das ist es! Charlie, ich will einen Mann, der nicht rumbumst!«

»Wer ein beglückendes, erfülltes, erotisches Liebesleben hat, wird wahrscheinlich weniger auf bloßes Rumbumsen aus sein«, meinte Charlie nachdenklich. »Aber denk daran: Guter Sex ist großartig, und großartiger Sex braucht Übung.«

»Setz mich auf die Liste, Charlie. Ich will frei von Schuldgefühlen sein, ich will sinnlich und heilig sein.«

Ich hatte einen Anfall von Euphorie, überzeugt davon, daß selbst die Jungfrau von Orleans gerne Orgasmen hatte und daß mein neuer schuldfreier Zustand es mir ermöglichen würde, vom weltlichen zum heiligen Sex zu gelangen. Ich entschloß mich, diese Freude mit meiner Mutter zu teilen. Rückblickend ist mir klar, daß ich einfach nur den Verstand verloren hatte.

Ich wollte ihr versichern, daß, egal, was sie getan hatte, um mir Schuldgefühle einzuimpfen, ich ihr nicht böse war. Ich wollte vergeben, vergessen und lieben. Schließlich war ich jetzt frei von Schuldgefühlen, und das Jetzt ist alles, was wir haben. Jetzt würde ich ruhig und meditativ sein.

Auf dem Weg zu ihr dachte ich darüber nach, warum ich mich sooo schuldig gefühlt hatte, als ich zuließ, daß Michael Bradshaw seine Hand in meine Unterhose schob ... Jetzt wußte ich warum: Als meine Mutter das herausfand, ritzte sie das Wort »Hure« in den Ledereinband meines Schulalbums. Ich dachte daran, wie schuldig ich mich für den Haß gefühlt hatte, den ich empfand, als sie meine Beziehung zu dem einzigen Jungen, den ich je geliebt habe, zerstörte ... Jetzt fiel mir ein, daß sie seiner Mutter erzählt hatte, ich sei ein todkrankes Mädchen mit einem sehr schwachen Herzen. Ich erinnerte mich, wie sehr ich mich geschämt hatte, weil ich meine Kinder nicht gestillt hatte ... Jetzt wurde mir klar, daß meine Mutter mir vorgeworfen hatte, ich würde sie mit dieser barbarischen Sitte vorsätzlich tödlich blamieren. Ich erinnerte mich daran, wie schuldig ich mich fühlte, weil ich mich von meinem reichen Mann scheiden ließ ... Jetzt wurde mir klar, daß sie mir eingeredet hatte, meine Scheidung sei schuld an ihrem Herzinfarkt.

Ich fühlte mich weder ruhig noch meditativ, als ich

daran dachte, wie schuldbewußt ich Marihuana geraucht und meinen Kindern erzählt hatte, es wäre Tabak von einem anderen Planeten, weil sie mir gedroht hatten, mich verhaften zu lassen, wenn ich kiffte.

Bei jeder Ampel atmete ich tief durch und versuchte Ruhe zu bewahren. Als ich bei ihr ankam, öffnete sie die Tür, und ich schrie: »Ich bin eine Frau ohne Schuldgefühle, und ich bumse, mit wem ich will!«

Es vergingen drei Monate, bevor sie wieder mit mir sprach, und das nur, weil ich sie ständig darum bat . . . ich fühlte mich ja sooo schuldig.

Das dritte Chakra

Der Anblick gelben Feuers

Sitz: Solarplexus

Klang: *Ram*

Farbe: Gelb

Element: Feuer

Funktion: Macht

Sinneswahrnehmung: Sehen

Zusammenhänge: Zu den *physiologischen* Problemen gehören Störungen im Bereich des Solarplexus und des Magens, Krankheiten der Verdauungsorgane wie Magengeschwüre, Störungen im Eßverhalten wie Mager- oder Freßsucht sowie Sehstörungen. Ausgewogenheit im physischen Bereich führt zu geregelter Verdauung.

Störungen im *emotionalen* und *Verhaltensbereich* betreffen Ohnmachtsgefühle, aus denen Probleme mit Ärger, Verlangen, Jähzorn, Sturheit, Wut, Konkurrenzverhalten, extremer Aggressivität, übersteigertem Ehrgeiz, Gefühlsausbrüchen, übermäßiger Gefühlsbetontheit, unterschwelliger Aggressivität, Manipulation und Rechthaberei entstehen. Außerdem besteht ein Bedürfnis, immer recht zu haben. Ausgeglichenheit des Gefühlslebens läßt einen Sinn für Humor und spielerische Leichtigkeit entstehen.

Im *spirituellen* Bereich herrscht oft Konflikt zwischen »Mein Wille geschehe« und »Dein Wille geschehe«. Spirituelle Ausgeglichenheit bringt den Willen des einzelnen in Einklang mit dem göttlichen Willen. Eine Störung in diesem Bereich drückt sich im Streben nach »Macht über etwas« aus, Ausgeglichenheit führt zu »Kraft zu etwas«.

Fragen: Warum werde ich so leicht böse? Warum beschuldige ich andere? Wie kann ich lernen, ich selbst zu sein? Wie kann ich es mir abgewöhnen, abhängig zu sein? Wie kann ich selbständig werden? Wann bin ich dran? Warum muß ich alles und jeden beherrschen? Warum bin ich so von Konkurrenzdenken geprägt? Wonach sehne ich mich? Warum kann ich nur entweder fressen oder hungern?

Dritter Vers

Werde du selbst

Im Spiel des Lebens war ich ein Bauer;
des Morgens und des Abends
lag man mir auf der Lauer.
Die Eltern, die spielten, glaubten sie erhielten:
einen Sohn, einen Hund, einen Rasen auf Dauer.
Ihre Gesinnung war rein,
doch ich ging fast ein;
sie setzten aufs Pferd,
doch mir war's mehr wert,
eine strahlende Königin zu sein.

III. Willenskraft

Ein herzhafter Schrei ist besser als tausend Worte.

Charlie meinte, daß ich mit meinen Eltern Frieden schließen müsse, um selbst inneren Frieden zu finden. Es ist bestimmt leichter, die Vereinigten Staaten und Rußland dazu zu bringen, einen Vertrag über sofortige Abrüstung, ewigen Frieden, Liebe und Brüderlichkeit zu schließen.

Manchmal stellte ich mir ein Treffen zwischen den Staatsoberhäuptern der UdSSR und den USA vor. Sie saßen nebeneinander und trugen bequeme Freizeitkleidung. Drumherum standen entspannt lächelnd mehrere hochdekorierte Militärs.

Der Präsident der Vereinigten Staaten ergreift die Hand des russischen Staatsoberhauptes und sagt in herzlichem Ton: »Wollen wir nicht das Verteidigungssystem abschaffen? Es besteht doch kein Grund mehr zu kämpfen. Was halten Sie von meinem Vorschlag? Lassen Sie uns das Kriegsbeil begraben und uns gegenseitig unsere Fehler verzeihen.«

Der russische Parteivorsitzende lächelt warm und sagt: »Ich bin ganz Ihrer Meinung, Herr Präsident. Lassen Sie uns zusammenarbeiten und ein bißchen in Frieden leben. Ich werde auch nie wieder ein Wort darüber verlieren, was Sie uns mit Dingen wie der Bombe auf Tivoli angetan haben. Einige Verwandte von mir haben damals dort gelebt, sonst würde ich kein Wort darüber verlieren. Aber ich bin fest entschlossen, zu vergeben und zu vergessen.«

»Genau wie ich«, antwortete der Präsident. »Wir müssen uns doch nicht böse sein. Ich will auch kein einziges Wort über das Chaos verlieren, daß Sie angerichtet haben, als Sie das verdammte Atomzeugs entlang unserer Ostküste verstreut haben. Schwamm drüber, okay?«

Um das Wirklichkeit werden zu lassen, bräuchten die beiden Staatsoberhäupter wohl ein Wunder. Das gleiche galt für meine Eltern und mich.

Meine Eltern hatten schon vor meiner Geburt das Drehbuch für mein Lebensdrama geschrieben. Je weiter ich mich von der Rolle entfernte, die sie mir zugedacht hatten, desto ärgerlicher, besorgter und verwirrter wurden sie. Je schwerer sie es mir machten, ich selbst zu sein, desto wütender wurde ich. Da der größte Teil dieser Entwicklung sich abspielte, ohne daß wir uns dessen bewußt waren, konnten wir bestenfalls dann und wann ein paar ruhige Minuten ergattern.

Mal richtig wütend zu werden, ist gesund. Die Leute kriegen rosige Gesichter und leuchtende Augen und werden ganz lebendig. Meine Wut war alt und so schal, daß einem schlecht davon werden konnte. So, als ob man einen großen, dicken Sack voll Abfall auf dem Rücken herumschleppt und ihn irgendwo loswerden will. Kein Wunder, daß ich zusammensackte.

Wut und Schuldzuweisung gehören zusammen wie Bäume und Wald, und es ist oft schwierig, etwas wahrzunehmen, was eigentlich ganz klar auf der Hand liegt.

Ich war nicht bloß wütend, ich gab meinen Eltern auch die Schuld an allem: am Krieg im Nahen Osten, daran, daß ich durch die Algebraprüfung geflogen war, an meiner Scheidung (wären meine Eltern nicht gewesen, hätte ich gar nicht erst geheiratet). »Alles wegen dir« war unser Lieblingsspiel. Wir alle spielten es. Jemandem anderen die Schuld zu geben, war einfach. Es war eine Gewohnheit, und ich konnte mich dabei so unschuldig fühlen.

Ich wußte, daß Abhängigkeit der Nährboden für Wut und Beschuldigungen ist und daß wir über kurz oder lang die Menschen ablehnen, von denen wir abhängig sind. Es war mir bald klar, daß ich von der Anerkennung meiner Eltern abhängig war. Ich wußte bloß nicht warum! Ich lehnte fast alles ab, was sie taten, und ihnen schien das gar nichts auszumachen.

An der Uni lernte ich die Kunst der Ehe- und Familientherapie. Im Krankenhaus, während meines Praktikums als Psychologin, war ich die Person, an die sich die Leute wandten, wenn sie Schwierigkeiten oder Probleme hatten. Zu Hause war ich die moderne, alleinerziehende Mutter, die durch Abwesenheit glänzte. Bei meinen Eltern kriegte ich Anfälle. Meine Töchter pflegten zu mir zu sagen: »Reg dich ab, Mami, es ist hoffnungslos!«

Meine Lehrer predigten mir, daß wir alle die Verantwortung für uns selbst tragen müßten, daß wir keine Opfer seien, sondern der Schmied unseres eigenen Glücks. Vor allem aber waren wir für uns selbst verantwortlich.

Das klang phantastisch, nur konnte ich meine Mutter nicht davon überzeugen. Sie war der Meinung, daß ich mich um sie kümmern und mein eigenes Leben zurückstellen müsse. Wozu waren Kinder denn sonst da? Sie kosteten zwar zunächst viel Geld, aber man konnte davon ausgehen, daß sie sich später bezahlt machten. Ich wußte noch nicht einmal, wer ich war, wie sollte ich also wissen, für wen oder was ich die Verantwortung zu tragen hatte!

Ich wußte, daß es meinen Eltern schwerfiel, mich als erwachsenen Menschen zu sehen, denn schließlich kannten sie mich seit »damals, als du noch ...« Sie waren der Ansicht, daß ich mich lediglich ein bißchen verirrt hatte und daß ich über kurz oder lang wieder heiraten, in die Sicherheit meiner Vorortexistenz zurückkehren und sie nie wieder in solche Verlegenheit bringen würde. Ich war überzeugt, daß ich erst wissen würde, wer ich bin, wenn ich mich von ihnen gelöst hatte, und daß wir uns auch erst dann näherkommen und uns lieben konnten.

Ich selbst zu werden, erforderte Willenskraft. Ohne Willenskraft war ich wie ein Lämmchen mit dunkler Brille: Ich folgte blindlings. Ich gab nach und heiratete einen Mann, den ich nicht nur liebte, sondern von dem ich auch wußte, daß er meinen Eltern gefallen würde.

Die Kritik, die ich wegen meiner Sexualität zu schlukken hatte, war das reinste Zuckerschlecken gegen das, was mich erwartete, wenn ich meinen eigenen Willen durchzusetzen versuchte. »*Was* um Himmels willen willst *du* in Indien? Bist *du* völlig von allen guten Geistern verlassen? Du solltest dich schämen, mit der Kette von irgendeinem Idioten um den Hals rumzurennen.« Oder es hieß: »Du willst doch wohl nicht im Ernst deine Kinder und den wunderbarsten Mann der Welt *schon wieder* allein zu Hause lassen ...« Die Tatsache, daß meine Kinder bereits groß waren und daß ich mich von meinem Mann getrennt hatte, machte dabei keinen Unterschied.

Es war mir klar, daß meine Eltern mich programmiert hatten und daß ihr Programm in meinem Kopf noch immer ablief. Ich mußte neu programmiert werden. Ich brauchte neue Eltern, neue Programminhalte und neue Modelle zu ihrer Umsetzung. Ich stellte mir eine wunderbare Göttin oder einen Filmstar als meine Mutter vor und einen ebenso phantastischen Mann als meinen Vater und betrachtete das, was sie sagten, als persönliche Botschaft an mich.

Ich nahm mir eine meiner Ängste oder Phobien vor, wie zum Beispiel die Angst, von einem Sprungbrett zu springen, und versuchte, mich an das Ereignis meiner Kindheit zu erinnern, bei dem diese Angst zum ersten Mal aufgetreten war. Dann legte ich mich hin und stellte mir die Szene bildlich vor: Ich stand auf dem Sprungbrett. Ich war sechs oder sieben Jahre alt, dünn, unbeschwert und wild entschlossen. Als ich gerade springen wollte, schrie meine Mutter von unten: »Spring nicht, um Gottes willen, spring nicht! Haltet sie zurück! Sie bringt sich ja um!« In diesem Moment entschloß ich mich, Angst vor dem Springen zu haben.

Ich lag ganz still da, atmete tief und stellte mir die Szene noch einmal vor. Dieses Mal war meine Mutter eine Meerjungfrau. Sie sah mich auf dem Sprungbrett stehen und rief mir zu: »Mutiges Mädchen! Du kannst es! Spring! Du kannst ganz toll tauchen.« Dann sah ich mich ohne Angst springen und ins Wasser eintauchen.

Es war weniger schwer, neue Tricks zu lernen, als die alten zu »verlernen«. Ich war »kontra-phobisch« geworden. Wenn meine Eltern vor irgend etwas Angst hatten, dann machte ich es mir entweder zu eigen, oder ich brachte es zum Abendessen mit nach Hause. Meine Mutter fürchtete sich vor Tieren. Mein Haus war der reinste Zoo. Sie war total gegen Sex eingestellt. Ich nahm mir vor, eine Hohepriesterin des spirituellen Liebesaktes zu werden. Meine Eltern hatten Angst vor dem Fliegen. Ich lernte Fallschirmspringen. Für meine Eltern waren Religion und Kirche sehr wichtig. Die einzige kirchliche Handlung, die für mich in Frage kam, war die Andacht beim gemeinsamen Orgasmus.

Seit ich im Alter von elf Jahren versucht hatte, meinen Eltern zu erklären, daß ich einen Orgasmus gehabt und Gott gesehen hatte, teilte ich meine esoterischen und spirituellen Erlebnisse nicht mehr mit ihnen. Auf alles Unbekannte reagierten sie mit Angst und Ablehnung.

Als ich ihnen erzählte, daß mein Begleiter ein Adler und ein Löwe seien, ließen sie mich gegen Geisteskrankheit versichern.

»Du fängst doch hoffentlich nicht wieder an, die Leute in Farbe zu sehen, Kind, oder?« Ein anderer Kommentar lautete: »Ich bin sicher, daß es eine logische Erklärung dafür gibt, woher du das weißt.«

Es ist nicht leicht, Eltern zu haben, und es ist auch nicht leicht, Eltern zu sein. Als meine Töchter sich über mich beschwerten, versicherte ich ihnen, daß es nie zu spät ist, sich der elterlichen Erziehung zu entledigen. Eine gründliche Therapie, ein paar Workshops und eine Gehirnoperation würden sie schon alles vergessen lassen, was ich sie jemals gelehrt hatte.

Zu der Zeit, als ich als Psychologin an einem Krankenhaus zur Rehabilitation von Alkoholikern arbeitete, verkündete meine Tochter mir, sie wolle eine Schule für Barkeeper besuchen. »Na wunderbar«, knurrte ich, »dann brauchst du bloß noch deinen Namen zu ändern und so zu tun, als würdest du mich nicht kennen, wenn wir uns auf der Straße begegnen.«

»Was ist denn so schlimm am Alkohol?« fragte sie und zündete sich eine Zigarette an. »Wir müssen doch alle zu einem anderen Bewußtsein gelangen, oder?«

»Das ist richtig«, sagte ich und gab vor, den Rauch nicht zu bemerken, »die Sache ist nur die, daß wir Wege dahin finden sollten, die gesund sind und Spaß machen.«

»Ehrlich, Mami, wenn ich so ein Leben führen würde wie die meisten Alkoholiker, die ich kenne, würde ich auch nicht mehr nüchtern werden wollen. Alkoholiker sind viel zu sensibel und intelligent, um dem Druck der Realität, in der sie leben, standhalten zu können.«

Ich beobachtete, wie sie den Zigarettenrauch tief einsog, und sagte: »Nikotin ist aber genauso gefährlich wie Alkohol. Die Gesellschaft verleitet uns dazu, zu trinken und zu rauchen, und sagt uns nicht, daß beides abhängig macht. Dann impft sie uns Schuldgefühle wegen unserer Abhängigkeit ein und kassiert ein Vermögen, um uns davon zu kurieren.«

Sie schien mir aufmerksam zuzuhören. »Wie können denn dann die Menschen ihr Bewußtsein ändern?« fragte sie.

»Wie wär's denn zum Beispiel mit Jogging, Tanzen, Yoga, Schwimmen und Meditieren?« Marihuana ließ ich absichtlich aus.

»Die Ärzte sagen, daß Aerobic genauso gefährlich ist wie Meditation. Läufer kriegen Arthritis und laufen Gefahr, von Hunden gebissen oder überfahren zu werden ... und Marihuanarauchen ist gesetzlich verboten, weil es eine der besten Einnahmequellen der Regierung ist. Außerdem: Wenn die Soldaten rauchen, kämpfen sie nicht.«

Aus diesem Gespräch lernte ich zwei Dinge. Erstens,

daß es ebenso unwahrscheinlich ist, daß meine Tochter und ich der gleichen Meinung sind wie meine Eltern und ich. Zweitens, daß man von einem Alkoholiker nicht erwarten kann, daß er zum gleichen langweiligen und ziellosen Leben wie vorher zurückkehrt und dennoch nicht wieder zu trinken beginnt. Das wäre ebenso paradox, wie einer Nymphomanin als Belohnung dafür, daß sie aufhört rumzubumsen, mit dem Zölibat zu winken.

Eines Montags fragte ich einen Patienten leicht von oben herab: »Haben Sie dieses Wochenende etwas getrunken, als Sie Ausgang hatten?« Dabei gab ich mir alle Mühe, meinen kapitalen Kater zu verbergen.

»Und Sie, haben Sie etwas getrunken?« lautete die Gegenfrage. »Ihr Rehabilitationsheinis behandelt uns Patienten so, als wärt ihr ganz was anderes als wir.«

Ich fragte mich, ob er meinen Kater wohl bemerkt hatte.

Unser Rehabilitationsprogramm hat ein Vollblutpsychiater mit viel Herz und Enthusiasmus entworfen. Er wußte, wie gefährlich Hierarchien sind und wie wichtig Berührung ist. Er wurde rausgeekelt und durch einen geldgierigen Chef ersetzt, der sich nur als Arzt verkleidet hatte.

Ich schaute mich beim Rest der Mannschaft um. Wir waren alle völlig normale, gesunde Neurotiker und taten unser Bestes. Da gab es einen stark trinkenden Magersüchtigen, einen Bhagwani, einen Borderline-Fall, einen besessenen Zwangsneurotiker, einen rumbumsenden Windhund, einen Egobesessenen und ein paar wohlmeinende, standpunktlose Weichlinge. Wir bildeten uns ein, auf alles eine Antwort zu haben. Es war völlig offensichtlich, daß Patienten wie Ärzte sich von den gleichen »Du-sollst«-, »Du-sollst-nicht«- und »Daran-darfst-du-nicht-mal-denken«-Dogmen unterwerfen ließen. Wir alle kämpften darum, unserem Leben einen Sinn und ein Ziel zu geben.

Der einzige Unterschied zwischen Patienten und Personal bestand darin, daß die einen den Schlüssel zum Arztzimmer in der Tasche hatten und die anderen nicht.

»Was ist Alkoholismus?« fragte ich Charlie nach drei Jahren Tätigkeit im Krankenhaus.

»Alkoholismus ist eine *bleibende Krankheit*«, antwortete er mir. »Wir Menschen haben entweder *angeborene Krankheiten*, wie zum Beispiel mit nur einem Fuß geboren zu sein, oder *grassierende Krankheiten*, die wir von etwas aufschnappen, das herumwandert (wie beispielsweise ein Virus), oder aber wir haben *bleibende Krankheiten*, die aufgrund unangemessen starker Reaktionen auf ein Machtobjekt entstehen.«

Mir war, als hätte jemand die Bäume weggeschoben, so daß ich den Wald sehen konnte. »Kann ein solches Machtobjekt ein Chef, ein Elternteil, ein Ehepartner oder ein Arzt sein oder vielleicht ein . . .?«

»Sicher«, sagte Charlie lächelnd. »Alkoholismus ist, wie alle psychosomatischen Krankheiten, das Ergebnis unserer Reaktion auf die Begegnung mit Macht.«

Mir wurde klar, daß meine unangemessene Reaktion auf meine Machtobjekte (meine Eltern) mich daran hinderte, jeden echten Sinn in meinem Leben zu erkennen und zu verfolgen. Ich war so damit beschäftigt, das Gegenteil von dem zu tun, was sie von mir erwarteten, daß ich gar keine Zeit hatte zu tun, was ich eigentlich wollte. Ich wußte noch nicht mal, was ich wollte.

»Warum bin ich so auf Verteidigung gepolt?« fragte ich mein Selbst.

»Ganz einfach deswegen, weil ich meine persönliche Macht erhalten muß«, kam es mir in den Sinn.

Ich gelangte zu der Annahme, daß ich mein Bedürfnis, mich zu wehren, genauso geerbt hatte wie meinen krummen Zeh. Sobald mich die Neugierde packte, ließ ich meine Abwehr los. Je weniger ich abwehren mußte, desto neugieriger wurde ich. Jetzt war ich soweit zu erkennen, daß ich weiterhin auf Abwehr gehen würde, solange ich mein Ziel im Leben darin sah, noch mehr, noch größere und noch bessere Dinge zu ergattern. Ich war ein Gierschlund, und ich würde einer bleiben.

Das Leben ist ein Streben nach persönlicher Macht. Wir alle brauchen sie, und wir alle streben nach ihr. Ich hatte versucht, ihrer mit Hilfe von Sex, Geld, Drogen und meiner Rolle und Position habhaft zu werden. Sexualität als Mittel persönlicher Machtsteigerung einzusetzen ist so, als würde man einen Spielautomaten bumsen ... kalt wie Eis(en), und man erspielt fast nie den Hauptgewinn.

Einmal, als ich noch klein war, probierte ich meine sexuellen Reize an meinem Vater aus. Er sprang so schnell vom Stuhl in die Höhe, daß ich zu Boden fiel. Ich hatte es auch mit Kokain probiert, um dieses Gefühl von Macht zu erleben. Wenn »things go better with Coke« ein zutreffender Spruch ist, dann stimmt er jedenfalls nur kurzfristig. Eine Viertelstunde fühlte ich mich als »Superweib« und bezahlte dafür mit tagelangen Depressionen, mit Nervosität, Nasenbluten, Schlaflosigkeit, Schuldgefühlen und einem leeren Bankkonto. Ich erkannte, daß jedes Ziel, das man nicht auch mit dem Herzen erreichen will, ein Pseudoziel ist und nichts anderes als ein Machttrip.

Durch meine Fähigkeit, mit Hilfe der Bioenergetik Gesichter und Körper von Menschen zu analysieren, hatte ich mir ein ganzes Stück Macht ergattert. Ich brauchte jemanden nur anzuschauen und wußte, ob er Geschwister hatte, ob er mehr Schwierigkeiten mit seiner Mutter oder seinem Vater hatte, ob er als Baby gestillt worden war, ob er einen Orgasmus bekam und dergleichen mehr. Durch die bioenergetische Analyse konnte ich allmächtig und allwissend werden, ohne jedoch dabei etwas zu empfinden. Therapie ohne Herz ist wie Sexualität ohne Liebe ... sie hilft zwar, aber sie heilt nicht.

Ich verband die mit dem Herzen geschaffenen spirituellen Lehren des Kundalini-Yoga und des Schamanismus mit der Bioenergetiktherapie und erfand »trienergetische« Übungen, die Geist, Seele und Körper miteinbeziehen.

Dann teilte mir der neue Chef mit, daß es mir in Zukunft untersagt sei, die Patienten zu umarmen. Ich wußte genau, daß ich niemanden therapieren konnte, den ich noch nicht mal umarmen durfte.

Bei der nächsten Personalversammlung marschierte ich herein und erklärte, daß wir unsere Patienten dazu brächten, übersteigerte Reaktionen auf Machtobjekte zu zeigen, weil wir mit ihnen Arzt-Patient spielten. Mutig, wie ich war, schlug ich vor, den Patienten täglich einige Extraumarmungen zu verordnen, um die Barrikaden zwischen Patienten und Personal niederzureißen.

Unser neuer Chef, der für ein zehnminütiges Gespräch mit einem Patienten 100 Dollar kassierte, hatte Schwierigkeiten, sein Bedürfnis nach Macht und Kontrolle loszulassen, und feuerte mich.

Ich setzte mich im Ashram mit meinem Frust auseinander. Wir machten eine schwierige Übung aus dem Kundalini-Yoga, die sich »Streckposition« nennt. Ich lag auf dem Rücken. Arme, Beine und Kopf hatte ich etwa fünfzehn Zentimeter vom Boden gehoben. Ich atmete heftig durch die Nase und pumpte die Luft bei jedem Atemzug in mein Nabelzentrum. Diese Technik wird sehr treffend als »Feueratem« bezeichnet. Wir sollten die Stellung drei Minuten halten, was für meinen Geschmack genau zweieinhalb Minuten zuviel waren.

Ich fing an zu jammern: »Meine Beine zittern ... ich habe Blähungen ... schließlich habe ich drei Kinder bekommen ... ich kann diesen Mist nicht.«

Dann hörte ich: »Aushalten, ändern oder dankbar sein.«

Statt aufzugeben, änderte ich meine unerträgliche Lage, indem ich andere Muskeln anspannte. Statt mich anzustrengen, wie ich es sonst tat, gab ich mich entspannt der Übung hin. Urplötzlich, ich weiß nicht warum, streckte ich meine Hände aus, so weit ich konnte, und berührte mit meinen Daumen die Oberfläche meiner Beine. Es war, als ob ich die Daumen in eine Steckdose gesteckt hätte und dadurch den nötigen Saft bekäme. Meine Daumen fühlten sich an wie elektrisch geladene Haken, die meine Beine für mich hochhielten.

Dann geschah es. Ich fing an, Bilder zu sehen. Klare Bilder von meinen Eltern, als sie noch klein waren. Zuerst sah ich meine Mutter. Sie war etwa sechs Jahre alt, allein und fürchtete sich. Mit den Armen umklammerte sie eine kleine Puppe. Jemand, den ich nicht kannte, ein großer blonder Mann, quälte sie. Sein Gesicht zeigte einen sadistischen Ausdruck. Ich fühlte den Impuls, sie zu beschützen. Ich wollte ihr helfen, sie trösten und ihr sagen, daß ich sie verstand.

Dann sah ich meinen Vater. Er war ein kleiner Junge, vielleicht acht oder neun Jahre alt, und hatte sich im Wald verlaufen. Er war völlig aufgelöst und versuchte verzweifelt, aus dem Wald herauszukommen. Dann wollte er um Hilfe schreien, brach aber statt dessen in herzzereißendes Schluchzen aus. Ich spürte ein großes Verlangen, ihm zu helfen und ihm zu sagen, daß er in Sicherheit war und daß ich ihn liebte.

Das nächste, an das ich mich erinnere, ist die Stimme des Lehrers, die »Entspannen« sagte. Ich ließ alle Glieder auf den Boden plumpsen. Weder verstand ich, was ich gesehen hatte, noch wußte ich, ob diese Ereignisse im Leben meiner Eltern wirklich passiert waren. Das einzige, was mir zweifelsfrei klar wurde, war, daß ich das Kind einsamer, verängstigter Kinder war, die taten, was sie konnten.

Ich verließ den Ashram und fuhr direkt zum Haus meiner Eltern. Diesmal war ich nicht kopflos vor Wut, sondern mein Herz leitete mich. »Aushalten, ändern oder dankbar sein« schoß mir so lange durch den Kopf, bis es eine Falte in mein Gehirn machte. Ich wußte genau, daß ich einige Verhaltensweisen meiner Eltern nicht »aushalten« konnte. Ich ertrug ihre Predigten, ihren Lebensstil und ihren Drang, mich zu beherrschen, nicht. Ändern konnte ich sie nicht mehr. Ich hatte die Wahl, mich zu beklagen oder dankbar zu sein. Plötzlich bekam ich einen Anfall von Dankbarkeit, in dem Bewußtsein, daß sie Märtyrer und Boten waren. Von der Weisheit des Universums her gesehen hatten sie mich gelehrt, wie ich nicht sein sollte.

Ich hielt vor einer roten Ampel und stellte mir eine Broschüre mit dem Titel »Elternschaft« vor. »Es gibt keine perfekten Eltern, und das ist schon ganz perfekt so ... annehmbare Eltern sind wirklich mehr als genug. Ich steuerte den nächsten Parkplatz an, stellte den Motor ab und machte mir Notizen. »Eltern beherrschen einen durch Schuldgefühle.« Ich seufzte dankbar, denn Schuldgefühle ließ ich mir nicht aufhalsen. »Eltern beherrschen einen durch Geld.« Glücklicherweise hatten meine keins. »Gute Eltern bemühen sich darum, überflüssig zu werden.« Meine hatten das bereits geschafft. »Alle Eltern verursachen Schmerzen und Sorgen. Sie kleben entweder an einem fest oder reißen einen gewaltsam von sich los. Sie bringen einem entweder zuviel oder zuwenig bei und lieben einen zu stark oder nicht genug. Sie geben, was sie können, und das ist nie genug. Sie geben und nehmen, vergeben und machen selbst Fehler, aber sie geben immer das Beste von sich.«

Ich fuhr weiter zum Haus meiner Eltern. Wie soll man wissen, ob man eine erfolgreiche Mutter ist? Ich dachte mit Erstaunen daran, wie viele Menschen für meine Ratschläge Geld bezahlten und daß meine eigenen Kinder mich nie anriefen. Dann wurde mir bewußt, daß ich mein Bestes tat, und die Frage verschwand aus meinem Kopf.

Als meine Mutter öffnete, nahm ich sie zum ersten Mal seit Jahren in die Arme und sagte: »Ich liebe dich!«

Das vierte Chakra

Die Berührung grüner Luft

Sitz: Herz

Klang: *Yam*

Farbe: Grün

Element: Luft

Funktion: Liebe

Sinneswahrnehmung: Berühren

Zu den *physiologischen* Problemen zählen Störungen im Bereich der Lunge, des Herzens und der Thymus-Drüse; wie Herz- und Lungenkrankheiten, Brustschmerzen, Kurzatmigkeit, Durchblutungsstörungen, kalte Hände und Füße, Immunschwäche und so weiter. Ausgeglichenheit im physischen Bereich erwirkt verstärkte Krankheitsabwehr.

Störungen im *emotionalen* und *Verhaltensbereich* hängen mit Mangel an Liebe zusammen: Melancholie, Angst vor Berühungen, Schwierigkeiten mit Intimität, Verwirrtheit, Mangel an Einfühlungsvermögen . . . Ausgeglichenheit im Gefühlsbereich erzeugt Freude, Lachen, Mitgefühl und Liebe.

Im *spirituellen* Bereich müssen die ersten drei Chakras durch Liebe transformiert werden, und man muß wissen, wann man die Schleusen des Mitgefühls öffnen kann und wann man das Herz aus Gründen des Selbstschutzes verschließen muß.

Fragen: Wird mich jemand lieben? Kann ich jemanden ganz und gar lieben? Ist es Liebe oder Verliebtheit? Was ist der Unterschied zwischen Lieben und Verliebtsein? Ist Gott Liebe? Ist Mitgefühl Liebe? Was ist ein wahrer Freund? Bin ich für jemanden der beste Freund? Liebe ich meine Umwelt? Kommt die Liebe aus mir? Muß ich mich selbst lieben, um jemand anderen lieben zu können? Muß ich mich selbst lieben, um geliebt zu werden?

Vierter Vers

Wunder mein

O Wunder mein, jetzt kann ich seh'n:
Die Schuld liegt nicht bei dir.
Bin Ich! Bin frei!
Und hab' erkannt,
Das Leben liegt vor mir.
(Zur Melodie von »Amazing Grace«)

IV. Liebe

Mit Liebe lebt sich's leichter.

Mein Herz floß über vor Mitgefühl und Verständnis. Ich glaubte, ich hätte meine persönlichen Probleme überwunden und wäre zu einem kosmischen Bewußtsein erwacht, das mein Leben ändern würde . . . bis meine Mutter sagte: »Du hast Marihuana geraucht, stimmt's?«

Ich hatte um Freiheit gekämpft, ich wollte frei sein von Unterdrückung, von der Bürde des kulturellen Erbes, von alten Überzeugungen und Gewohnheiten. Nachdem ich mein Herz geöffnet hatte, wollte ich jetzt endlich frei sein, das zu tun, was ich wollte. Bevor wir anfangen konnten, uns zu schlagen, küßte ich meine Mutter und ging.

Charlie wartete zu Hause. »Wir müssen uns sicher fühlen, um lieben zu können«, sagte er.

Ich war, was Liebe anging, genauso unsicher, wie ich es in bezug auf Sexualität war. Beides war für mich verworren und beschmutzt. Man hatte mir beigebracht, daß Liebe einerseits naiv, dumm und unerreichbar war. Andererseits sollte sie aber der letztendliche Lebenszweck sein. Man hatte mir immer nur gesagt, wie sehr man mich liebte, gefühlt hatte ich es nie. Non-verbale Botschaften sind soviel stärker als Worte. Wir wissen genau, was los ist, wenn jemand mit zusammengebissenen Zähnen und stechendem Blick sagt: »Natürlich liebe ich dich.« Es ist ein ebenso großer Unterschied, ob man zu hören bekommt »Ich liebe dich« oder ob man sich geliebt fühlt, wie ob man eine Speisekarte serviert bekommt oder etwas zu essen kriegt.

Ich hatte Schwierigkeiten, zwischen Liebe und Verliebtheit zu unterscheiden. Als Teenager hatte ich manchmal das Gefühl, vor Verlangen zu vergehen. Meistens war das Objekt meines Begehrens irgend jemand, der mich mochte. Ich fühlte mich eher zu kleinen Mathematikgenies mit schmalen Schultern und großen Brillen hingezogen, aber eigentlich tat's jeder, der nett zu mir war. Ich bekam dann dieses verrückte, überwältigende Gefühl, das mich jeden wachen Augenblick verzehrte und auch etliche schlaflose Nächte kostete. Ich wartete verzweifelt auf Anrufe, von denen ich wußte, sie würden nie kommen. Ich plante und manipulierte und betete um die Aufmerksamkeit des – meist ahnungslosen – Helden. Verliebtsein lenkte von meiner Sehnsucht ab, von meiner Familie geliebt zu werden.

Einmal verliebte ich mich in einen Jungen, der zwei Köpfe kleiner war als ich. Ich betete, er möge über Nacht wachsen, denn kein Mädchen möchte einen Freund, der ihr knapp bis an die Brust reicht. Ich betete auch, daß ich endlich aufhörte zu wachsen, denn wer will schon eine Zwei-Meter-Frau als Freundin?

Ich war überzeugt, ich müßte mir Liebe verdienen. Ich glaubte, ich müßte etwas dafür tun, geliebt zu werden. Ich konnte mich nicht daran erinnern, jemals um meiner selbst geliebt worden zu sein.

Man hatte mir gesagt, daß Liebe bei einem selbst anfängt. Ich konnte mir nicht mal vorstellen, mich selbst zu mögen. In der Schule hatte ich einmal behauptet, mich zu mögen, weil ich das für cool hielt. Danach war ich kuriert. Ich hatte den Spitznamen »Fräulein Eingebildet« weg und wurde verfolgt mit: »Da geht die hochnäsige Gans. Sie liebt sich selbst.«

Außerdem, warum sollte ich mich selbst lieben? Ich war weder »Beste Schauspielerin« noch »Beliebtestes Mädchen«, noch hatte ich irgendwelche Preise in der Schule gewonnen. Ich log, betrog, klaute aus dem Geldbeutel meiner Tante, spielte an mir herum und ließ mich von Milton Down befingern. Wie konnte ich mich da selbst lieben?

Am meisten wollte ich geliebt werden. Es tut weh, wenn das Herz nach Liebe hungert. Ich brauchte Nahrung für meine Seele, um diesen Hunger zu stillen.

Eines Tages beim Autofahren stellte ich den Kassettenrecorder an. »Du bist heilig und vollkommen, so wie du bist. Hör auf, es allen recht zu machen. Du hast ein Recht auf bedingungslose Liebe«, hörte ich. Ich fuhr einen scharfen Bogen, verfehlte knapp einen Bus und blieb am Straßenrand stehen, um zu hören, wer da sprach. Ein Freund hatte die Kassette in mein Auto gelegt, um mir ein paar aufmunternde spirituelle Botschaften zukommen zu lassen.

Die Stimme gehörte zu Bhagwan Rajneesh, der zu jener Zeit noch Anhänger nach Indien lockte. Ich hörte aufmerksam zu und ließ seine Worte und seine Stimme in mein Herz ein. Ich öffnete mich wie eine Lotusblüte im Gewächshaus. Jegliche überstürzte Entscheidung vermeidend (ich wußte, ich sah in Orange gräßlich aus), fuhr ich sofort nach Hause und färbte meine Kleider. Ich ging nach

Indien, um bedingungslose Liebe zu entdecken. Statt dessen hatte ich gnadenlosen Durchfall.

Was hat eine promovierte Akademikerin auf einem Plumpsklo zu suchen, wo sie sich verzweifelt gegen ein Moskito wehrt, das in Kamikaze-Manier im Sturzflug blutrünstig angreift? Warum mußte neben mir ausgerechnet der einzige Mann des ganzen Ashram hocken, der mich interessierte und der seine eigenen Probleme mit Rama Krishnas Rache hatte? Was brachte eine ganz normale Frau dazu, ihre sichere und gemütliche Küche einzutauschen gegen eine, die als Spezialität des Hauses ein kaltes Büfett aus Amöbenruhr, Hepatitis und Wurmbefall anbot? Warum wagte ich Rikschafahrten, kutschiert von kleinen, braunen Stuntmen, die sich freuten loszurasen, sobald sie merkten, daß ich Angst hatte? Warum verließ ich mein großes Bett, meine Klimaanlage und gab mein Recht auf Privatsphäre auf für eine Grasmatte in einem glühendheißen Raum, den ich mit einer Ansammlung von Käfern, anderen Viechern und einer fetten Ratte teilen mußte?

Ich wollte dazugehören!

Es gab viele Leute so wie mich, die nie das Gefühl der Zugehörigkeit erfahren hatten, dieses Gefühl, Teil einer Gruppe zu sein, in der alle eine edle Absicht, ein gemeinsames Ziel und einen liebevollen Führer teilten. Ich hatte niemals eine Gruppe gekannt oder zu einer gehört, deren Mitglieder sich ohne Grund umarmten. Jede Frau braucht eine Schwester und jeder Mann auch. Ich fand mich umgeben von Brüdern und Schwestern, und was das ganze Gerede über freie Liebe in Poona angeht: Der Vorort, aus dem ich kam, war eher eine Brutstätte der Promiskuität als dieser Ashram in Indien. Auch sexy Leute brauchen Freunde.

Man gab uns neue Namen, neue Identitäten, neue Rollen. Mein Name war Satya – die Wahrheit –, und da ich die Realität immer so hingebogen hatte, wie ich es gerade brauchte, machte es mir Spaß, zur Abwechslung mal mit der Wahrheit in Verbindung gebracht zu werden. Es war eine Wiedergeburt, eine neue Chance. In Indien, bei Rajneesh, verkörperte jede »orangefarbene Blüte« für mich die höchsten menschlichen Qualitäten, und so war meine neue Familie ein Blütenstrauß, gebunden aus Weisheit, Wahrheit, Reinheit, Liebe, Mitgefühl, Licht und Gnade. Es war mir egal, ob unter der orangefarbenen Kleidung einige Vollidioten »blühten«. Endlich fühlte ich mich zugehörig.

Ich hatte Hypnose bei einigen der besten Psychologen in den USA studiert. Jetzt erlebte ich einen Meister-Hypnotiseur, der zehntausend Menschen in seinen Bann zog, indem er die s-Laute undeutlich aussprach. Außerdem war er goldig. Erst als er anfing, sich selbst ernst zu nehmen, begann ich an ihm zu zweifeln. Ich liebte die Lehre und nicht den Lehrer.

Ich hatte nach einem Vorbild gesucht. Rajneesh war es. Er war reizend, drückte sich klar aus und wurde von Hunderttausenden geliebt. Das nenne ich soziale Sicherheit!

Das Problem ist nicht, wenn ein Guru denkt, er sei Gott ... Schwierig wird es erst, wenn er sich einbildet, er sei der einzige Gott; das stößt viele ab. Der Zwang, vor Seiner (Schein-)Heiligkeit anbetend auf die Knie zu fallen, widerte mich an ... und doch trug ich noch zwei Jahre sein Bild an einer Kette um den Hals und nur orangefarbene Kleidung. Erst die Drohung meiner Kinder, mich zu verstoßen, brachte mich dazu, ihn zu verlassen.

Ich kehrte aus Indien nach Hause zurück und hatte gelernt, daß die Menschen, die glauben, man könne Gott nur nahekommen, wenn man Mantras in einem goldenen Tempel aufsagt, wahrscheinlich nie einen Heiligen erkennen werden, der abends in der Kneipe ums Eck seine zwei Bierchen trinkt. Ich wußte aber auch, daß ich noch meine Schwierigkeiten mit der bedingungslosen Liebe hatte.

»Ein Guru ist jemand, der ausspricht, was du auch denkst«, sagte Charlie. »Guru heißt: Du bist du.«

Ich hatte in Indien erstaunliche Dinge erlebt, aber ich hatte nicht erkannt, daß der Zauber von der Gruppe ausging und nicht vom Führer. Ich wußte, daß eine Einzelsitzung beim Therapeuten auf die Energie begrenzt ist, die zwei Menschen aufbringen können. Wenn ich einen schlechten Tag hatte und der Patient auch nicht gut drauf war, ähnelte die Sitzung dem vergeblichen Versuch, mit feuchtem Holz Feuer zu machen.

Eines Nachmittags, nachdem mir Freunde ein T-Shirt mit auswechselbarer Aufschrift geschenkt hatten, falls ich meinen Namen mal wieder ändern wollte, kam ich müde, bedrückt und verwirrt nach Hause. Ich setzte mich hin und begann eine Meditationsübung zu machen, um meine Sorgen zu vergessen. Eigentlich sollte man die Übung elf Minuten lang machen, aber bei mir reichten meist drei Minuten, um mich besser zu fühlen. Ich saß mit gekreuzten Beinen bequem auf dem Boden und wollte gerade anfangen, als ich plötzlich nieste, meine Augen öffnete und direkt in die feuchtglänzenden Augen meiner Hündin Shiloh blickte. Ein sanfter lieber Ausdruck lag in ihrem Gesicht, das Maul war zu einem albernen, eindrucksvollen Lächeln verzogen. Sie hatte ganz still und zufrieden neben mir gesessen. Sie erwartete von mir nicht, mit dem aufzuhören, was ich tat, meine Haltung, meine Haarfarbe oder meinen Fahrstil zu ändern. Sie beschwerte sich nicht, kritisierte nicht und bat um nichts. Sie saß einfach nur da, lächelte ... und liebte mich. Ich streckte die Hand aus und streichelte ihr über den warmen, weichbepelzten kleinen Kopf. Sie schloß die Augen, streckte ihre lange, hoheitsvolle Schnauze aus und wühlte sie in meine Hand. Es war klar, was sie damit meinte. »Ich liebe dich«, sagte sie mit ihrer ganzen Hundeseele. Ich konnte ihre Liebe für mich spüren ... stark, uneingeschränkt, bedingungslos. Mein Herz schmolz. Ich liebte sie, egal, ob sie auf meinen Boden kackte, ihre Haare auf meinen Möbeln ließ oder auf meine Steuerabrechnung kotzte.

Ich liebte sie bedingungslos. Liebe war eindeutig Energie. Sie war nicht notwendigerweise emotionsgeladen. In Shiloh war ich nicht verliebt. Ich liebte sie. Das war eine Energie, die so natürlich wie das Atmen ist.

Ich fühlte mich nicht mehr zerschlagen, bedrückt oder verwirrt. Ich war neugierig, offen und dankbar. Die Intensität dieses Augenblicks, in dem ich mich bedingungslos angenommen fühlte, öffnete die Tür zu einer völlig neuen Welt. Die Großartigkeit eines offenen Herzens ist statistisch nicht meßbar.

Shiloh und ich lagen auf unserer Yoga-Matte und atmeten entspannt. Ich fragte mich, warum ich sie in all den Jahren, die wir nun gemeinsam verbracht hatten, nie aus vollem Herzen geliebt hatte. Ich schloß die Augen und erinnerte mich an die Zeit, in der mein ganzes Herz an einem Welpen hing. Jeden Tag rannte ich buchstäblich nach Hause, um bei ihm zu sein und mit ihm zu spielen. Ich liebte diesen kleinen Hund tief und innig. Eines Tages, bevor er noch aus dem Stadium, in dem er Treppen anknabberte, die Unterwäsche meines Vaters auffraß und an allen stretegisch wichtigen Stellen im Haus einen Haufen machte, herausgewachsen war, gaben ihn meine Eltern weg. Ich kam aus der Schule, und das Haus war leer ...

mein Hund war weg! Mein Herz verschloß sich. Die Furcht, eine solche Liebe wieder zu verlieren, hatte mich davon abgehalten, Shiloh von ganzem Herzen zu lieben. Nur ab und zu hatte ich kleine homöopathische Dosen in mein Herz gelassen; genug, um zu überleben, aber zuwenig, um zu gedeihen.

Dann erinnerte ich mich an etwas, was Charlie gesagt hatte: »Furcht und Liebe sind wie Öl und Wasser ... oft im selben Gefäß, aber sie passen nicht gut zusammen.«

Ich dachte an meine Schulzeit zurück. Ich hatte geglaubt, Lehrer wären so allwissend wie der Nikolaus. In meiner Vorstellung hatten sie den Röntgenblick und sahen alles, was ich zu Hause tat. Sie wußten, was ich aß, wie ich schlief und mit wem ich sprach. Es war schwer, meine Lehrer zu lieben, da sie meist Furcht als Erziehungsmittel einsetzten, um Ruhe im Klassenzimmer zu halten. Das mußten sie ... wir waren fünfunddreißig gegen einen.

Alle Jubeljahre hatten wir mal eine Lehrerin, der es Spaß machte zu unterrichten. Sie blieb meistens nur ein Schuljahr, dann kam der Traumprinz, hob sie aufs Pferd und rettete sie vor dem Schulsystem.

Nur einmal hatten wir einen großartigen Lehrer, einen, der in den Schülern die Liebe zum Lernen weckte. Meine Erinnerung an Mr. Ferris ist völlig klar. Ich war in der dritten Klasse. Er war groß, schlaksig, hatte meergrüne Augen und ein liebes Lächeln.

Eines Tages stand ich nach der Stunde am Lehrerpult und sagte ihm, ich wolle ihn heiraten. Ich wollte seine Sklavin sein, ihm überallhin folgen und für all seine Bedürfnisse dasein ... für immer.

Ich bot mich ihm in aller Unschuld an, was Mr. Ferris mit soviel Zartheit und Mitgefühl behandelte, daß ich daraus viel lernte. Danach liebte ich ihn um so mehr. Bei ihm war Lernen schiere Freude. Er motivierte mich, neugierig zu sein, aufzuwachen und meine Tagträume zu genießen. Vor Schuljahresende wurde er gefeuert. Ich war überzeugt, dies sei meine Schuld. Erst Jahre später erfuhr ich, daß Mr. Ferris gefeuert wurde, weil er schwul war.

Liebe und Furcht passen nicht gut zusammen, wie also konnte ich die Menschen lieben, wenn mich die eine Hälfte der menschlichen Rasse in Furcht und Schrecken versetzte und die andere mich zu Tode ängstigte! Natürlich hatte ich Angst vor Männern. Mit einem Gehaltsscheck konnten sie mich zu einem Menschen zweiter Klasse abstempeln. Sie konnten mich in die Wüste schikken, weil mein Busen anfing zu hängen. Warum sollte ich Frauen nicht fürchten? Sie waren Feinde, bis an die Zähne bewaffnet. Wie konnte ich meine Familie lieben, wenn ich sie entweder anklagte oder mich selbst verteidigen mußte? Es war mir unmöglich, Leute auf einer Cocktailparty zu lieben, die ich kaum kannte, mit denen ich selten sprach und die ich nie berührte.

In diesem Augenblick streckte sich Shiloh träge neben mir, und ihre kleinen, warmen Pfoten waren graziös übereinandergelegt, wie bei einem schöngeformten Tier. Ich erkannte, daß ich mich in keinem Gottesdienst Gott so nahe gefühlt hatte wie jetzt, als ich in ihre Augen blickte. Ich konnte mich bei Gottesdiensten irgendwelcher religiöser Institutionen nie richtig wohl fühlen, da ich immer Angst hatte, entweder den falschen Hut, die falschen Schuhe oder die unpassenden Farben zu tragen. Ich hatte immer geglaubt, um Gott zu lieben, müsse man auch die Religion lieben. Ich haßte die Religion. Sie war eine pompöse, nüchterne, ernste Angelegenheit, ohne Spaß oder Freude.

Ich streckte mich ebenfalls und dachte an das Abc des Lebens, das mir Charlie beigebracht hatte. Nur daß mir jetzt einiges klarer wurde. Annehmen war einfach mit Shiloh. Dazugehören war ganz natürlich, meine Hündin und ich gehörten zusammen. Es wurde mir klar, was »Dazustehen« alles enthält. Es war mir immer schwergefallen, mir selbst zu trauen. Das Versprechen, zu etwas zu stehen, war nichts als eine leere Formel, die, wie die meisten Gesetze, leicht gebrochen werden konnte. Als ich in die Augen dieser vertrauensvollen Seele blickte, wußte ich: Liebe heißt Vertrauen, und sie vertraute mir völlig. Ich vertraute ihr sowieso. Ich wollte ihr zeigen, daß ich zu ihr stand, und gelobte: »Nie mehr werde ich das billige Hundefutter kaufen, das du nicht ausstehen kannst.« Shiloh spitzte die Ohren und setzte sich auf. »Und ich werde dich, wenn du alt bist, nicht im Stich lassen«, schluchzte ich.

Ich stand auf und schrieb auf, was ich mir selbst gelobte: »Ich gelobe, mitfühlender zu sein und leichter zu verzeihen ... mir selbst und anderen.« Ich machte daraus eine Affirmation: »Ich bin mitfühlend und verzeihe.«

Jeden Tag, beim Autofahren, beim Schlangestehen auf einem Bein, wenn ich mir die Klagen meiner Mutter am Telefon anhörte oder mit den schmerzlichen Problemen meiner Patienten umging, wiederholte ich diese Affirmation: »Ich bin mitfühlend und verzeihe.«

Als meine Tochter mir sagte, sie hätte mein neues Kleid ausgeliehen und durch Brandflecken ruiniert, sagte ich: »Ich bin mitfühlend und verzeihe.« Als mein Friseur mein Haar durch eine Dauerwelle verbrannte, so daß ich aussah, als hätte ich meine Finger in eine Steckdose gesteckt, sagte ich innerlich zu mir: »Ich bin mitfühlend und verzeihe.« Als die Reinigung meine Kleider verschlampte, sagte ich der Frau: »Ich bin mitfühlend und verzeihe.« Zum Schluß konnte ich es richtig gut. Ich hatte geglaubt, Übung mache den Meister; jetzt hatte ich den Beweis.

Ich verstand die Leiden meiner Eltern, und ich verzieh ihnen, daß sie versucht hatten, mich nach ihrer Vorstellung zu formen. Ich verzieh meinen Ehemännern, denen ich mich nie zugehörig gefühlt hatte, und wußte, daß wir unser Möglichstes getan hatten. Ich fühlte Liebe und Mitgefühl für meinen geschiedenen Mann, den Chirurgen, und wußte, daß auch reiche, sexuell attraktive Chirurgen Liebe brauchen.

Ich wußte: Ein ausgeglichenes Leben enthält Freud und Leid. Durch Liebe fühlte ich mich ausgeglichen. Letzten Endes werden wir nicht für unseren Erfolg belohnt, sondern für unsere Narben.

Ich vergab sogar der Krankenschwester, die meine zwei Tage alte Tochter getötet hatte, als sie, mit dem Baby auf dem Arm, ausgerutscht und auf den harten Boden gestürzt war. Ich fühlte Mitleid für sie.

Ich hatte mein Herz so oft verschlossen, weil ich Angst hatte zu leiden. Nun erkannte ich, daß Leiden eine Möglichkeit war, das Leiden anderer Menschen mitzuempfinden. Es gelang mir gut, mit Patienten, Freunden und der Familie mitzufühlen und zu verzeihen. Ich erstellte eine Liste der Leute, denen ich verzeihen wollte, wie den Zigarettenfirmen, die mich im Alter von zwölf Jahren zum Rauchen verführt, es aber unterlassen hatten, mir mitzuteilen, daß ich vielleicht nicht mehr aufhören konnte. Ich wußte, meine Lungen waren ernsthaft geschädigt, und, schlimmer noch, auch meine Kinder rauchten. Da ich während der Schwangerschaft geraucht hatte, wurden sie schon süchtig geboren.

Ich fand es schwierig, Mitgefühl zu zeigen oder den Zigarettenfirmen zu verzeihen, es sei denn, sie würden ihre verlogenen Anzeigenkampagnen ändern. Ich schrieb gerade einen Brief an einen Zigarettenhersteller über die

Notwendigkeit, die Öffentlichkeit über die süchtigmachenden Eigenschaften des Nikotins aufzuklären, als ich erfuhr, daß ein amerikanisches Militärflugzeug mit Atomwaffen an Bord abgestürzt war. Beim Aufprall fielen vier von fünf Sicherheitsschaltern aus, womit wir genau einen Knopfdruck von der Selbstzerstörung entfernt waren.

Ich fragte mich, wo ich die letzten fünfzehn Jahre gelebt hatte, während die Welt eifrig dabei war, sich selbst zu zerstören. Dann fiel's mir wieder ein. Ich hatte vor einer Papierfabrik demonstriert, weil diese vierzigmal mehr Giftstoffe in die Luft abgab, als gesetzlich erlaubt war, was ein vermehrtes Auftreten von Leukämie, Krebs und Lungenkrankheiten bedeuten konnte. Meine Kinder und ich trugen Gasmasken, und zusammen mit fünfzig oder mehr besorgten Bürgern verteilten wir ein Flugblatt mit der Überschrift: »Es ist auch dein Himmel!« Ich wurde von den Medien interviewt und bekam in derselben Nacht ein Telegramm: »Wenn Sie wollen, daß Ihre Kinder am Leben bleiben, dann halten Sie sich raus.«

Seitdem habe ich gegen nichts mehr demonstriert. Verbrechen gegen die Natur und die Gefahren, die unserem Planeten drohen, entglitten meinem Bewußtsein so leicht wie meine Träume, wenn ich sie nicht aufschrieb. Die Aussicht, daß meine Kinder ermordet werden könnten, hatte mich blind und taub gemacht. Ich verschloß mein Herz gegen die Hilferufe von Mutter Natur und blieb davon unberührt.

»Ich bin mitfühlend und verzeihe«, sagte ich mir, bis ich erfuhr, daß der sechzehnjährige Sohn von Freunden Leukämie hatte. Sie wohnten kaum zwei Kilometer von der Anlage entfernt, vor der ich vor fünfzehn Jahren demonstriert hatte.

Ich mußte weinen. Ich mußte dieses Gefühl in meinem

Bauch loswerden. Das war alles andere als Mitgefühl und Verzeihen. Es fühlte sich wie ein großer schwarzer Kloß an, und ich mußte ihn loswerden. Ich brauchte eine Therapie. Therapie ist, mal richtig zu heulen, zu schreien oder zu lachen. Therapie ist, dem Wind zuzuhören, einen Sonnenuntergang zu betrachten, den Strand entlangzulaufen. Therapie ist, wenn man angehört, umsorgt und verstanden wird. Therapie ist Erziehung mit Liebe.

Ich rief meine Freundin Sophia an, die schon einiges Leid mit mir durchgemacht hatte. Sie war wie eine Schwester ... wir liebten und vertrauten einander.

Ich lag auf dem Rücken. Sophia saß hinter meinem Kopf, hielt meine Hände und bot Widerstand für mein Ziehen. Ich fing an, tief zu atmen. Dann ließ ich einen tiefen, beständigen Ton aus mir herauskommen. Zuerst fühlte es sich an, als würde der Ton aus meinem Bauch kommen. Acht oder zehn Töne später hörte es sich an, als käme er von meinen Zehen. Ich warf den Kopf (vorsichtig) zurück, öffnete den Mund so weit ich (bequem) konnte und schrie. Ich ließ alle Luft aus mir heraus, und mit dem letzten Quentchen Luft, das ich rauspreßte ... sah ich den schwarzen Kloß verschwinden. Ich konnte es richtig fühlen.

Dann schrie ich wieder. Die Töne von mir zu geben, hatte den Effekt einer Operation.

Ich schrie gegen den sauren Regen an, der die Harmonie der Natur zu zerstören droht. Ich schrie gegen die Aussichten an, daß Babys mit unvorstellbaren Entstellungen geboren werden, und gegen das Entsetzen, daß ihr Sterben als Nebenprodukt der Atomkraft mit einkalkuliert wird. Ich schrie gegen meine Mitmenschen an, die in ein Netz aus elementarer Bosheit und unverhohlener Dummheit verstrickt sind, die Menschen verhungern ließen, während die überschüssige Ernte in den Kornspeichern verrottete. Ich schrie gegen die Unsinnigkeit einer Welt an, die ihre Bewohner für nichts zu opfern droht, denn wenn es einen Atomkrieg gibt, wird nichts überleben.

Ich mußte mich ausweinen. Ich brauchte jemanden, der mich festhielt und an sich drückte, während ich um ein Volk weinte, das sich der Vernichtung gegenübersah. Um ein Volk, das gewohnt war, auf das zu warten, was seine Führer ihm gaben, nachdem sie das Volk vorher überzeugt hatten, das sei das, was sie brauchten. Ich weinte um all die Mütter, die ihre Kinder sterben sehen werden, und um die Aussicht, daß auch meine Kinder zu früh sterben könnten ... wegen nichts.

Als es so aussah, als hätte ich mich ausgeweint, strich mir Sophia liebevoll über den Kopf und sagte: »In jedem Augenblick deines Lebens bist du entweder dankbar oder du beklagst dich.«

»Ich fühle mich überhaupt nicht dankbar«, sagte ich leise, kaum in der Lage zu sprechen.

»O. k., dann sei wenigstens dankbar, daß du keinen lebendigen Frosch essen mußt«, sagte Sophia.

Ich lächelte: »Der Tod mag neben der Geburt das wichtigste Ereignis sein, aber vorzeitiger, sinnloser Tod kotzt mich an. Kann ich als Therapeutin Menschen dazu ermutigen, die Verantwortung für ihr Leben zu übernehmen, aber die Sicherheit ihrer Luft, ihrer Lebensmittel und ihres Wassers denselben Vollidioten überlassen, die uns in die Luft zu sprengen drohen?«

Nun mußte Sophia lachen. »Vielleicht«, schlug sie vor, »könntest du folgendes sagen: ›Also, Mr. Smith, da die Welt dabei ist, sich selbst zu zerstören, müssen Sie sich nicht den Kopf darüber zerbrechen, ob sie Mami oder Papi mehr hassen.‹«

Wir mußten beide lachen.

»Wie kann man diesen Wahnsinn der Atomwaffen und des Atommülls stoppen?« fragte ich niedergeschlagen.

Immer noch sanft und konzentriert sagte Sophia: »Wenn unsere Liebe füreinander nicht stark genug ist, uns zu retten – vielleicht ist es dann unser Entsetzen.«

Ich atmete tief ein und sagte: »Ich akzeptiere, daß unser kleiner Planet in großen Schwierigkeiten ist, sogar die Frösche. Ich gehöre zu diesem Planeten, die Erde ist meine Mutter. Ich stehe zu meinem Entschluß und gelobe, den Menschen zu helfen.« Ich fühlte mich besser.

»Bravo«, sagte Sophia und wir lachten und lachten und . . .

Das fünfte Chakra

Das Hören blauen Äthers

Sitz: Kehle

Klang: *Yam*

Farbe: Blau

Element: Äther

Funktion: Kommunikation

Sinneswahrnehmung: Hören

Zusammenhänge: Zu den *physiologischen* Problemen zählen Anomalien im Bereich der Schilddrüse, der Kehle, des Halses und der Ohren, wie beispielsweise schwache Stimme, steifer Nacken, Halsschmerzen, Ohrenschmerzen, Überempfindlichkeit der Ohren, Taubheit. Ausgeglichene Körperfunktionen führen zu einem gut geregelten Stoffwechsel.

Probleme im *emotionalen* oder *Verhaltensbereich* haben mit mangelhafter Kommunikation zu tun: Überinterpretation, schlechtes Hörverstehen, Schwierigkeiten in der Selbstdarstellung, Schüchternheit. Ausgeglichenheit im Gefühlssektor befähigt zum Singen, Tanzen, Schreiben und Sprechen in der Öffentlichkeit.

Im *spirituellen* Bereich steht dieses Chakra in Verbindung mit dem Begreifen der Wahrheit und dem Heilen durch Harmonie.

Fragen: Versteht mich jemand? Wie kann ich mir Gehör verschaffen? Wie drücke ich mich am besten aus? Mit wem kann ich reden? Wer sind meine Freunde? Bin ich ein Heiler? Kann ich mir selbst trauen? Was sind meine Aufgaben? Warum scheinen die Menschen manchmal sinnloses Zeug zu reden?

Fünfter Vers

Versprechen an den Lebenspartner

Ich schenke dir das kostbarste aller Geschenke ...
Ich schenke dir Liebe.
Ich schenke dir meine Anteilnahme
und meinen Schutz.
Ich verspreche dir, deine Suche nach persönlicher
Freiheit und nach Wahrheit zu unterstützen.
Ich schenke dir mein ganzes Vertrauen,
meine ganze Fähigkeit zu verzeihen,
und öffne dir mein Herz.
Ich schenke dir Ehrlichkeit.
Ich verspreche dir, dich nie zu verraten
oder im Stich zu lassen.
Ich werde alle anderen Frauen und Männer lieben
wie Schwestern und Brüder.
Ich mache dich zu meinem Lebenspartner,
zum Abbild der Göttlichkeit in Frau und Mann.
Ich ergreife deine Hand in Freundschaft und Liebe.

V. Kommunikation

Innerer Friede und dann die Welt.

Was hat eine erfolgreiche Therapeutin nackt auf einem kleinen Baum mitten in der Wildnis des Amazonas zu suchen? Vierundzwanzig Stunden, nachdem sie dort hinaufgeklettert ist? Ich lernte Tricks, um Frieden zu finden. Ich hatte mein Herz geöffnet und begann, auf das zu hören, was es sagte. Die Lügen meines Verstandes konnte ich mir immer weniger anhören. Nachdem ich angefangen hatte, auf mein Herz zu hören, hatte meine Verwirrung ein Ende. Ich mußte Wege finden, um heilen zu können.

Von überallher bekam ich Zeichen und Hinweise, nach Peru zu gehen. Ich nahm eine Zeitschrift in die Hand und entdeckte ein peruanisches Fruchtbarkeitssymbol auf dem Titelbild. Ich bekam einen Anruf aus Kanada, in dem ein Freund mir einen Flug nach Peru anbot. Eines schönen Nachmittags, als ich mit meinem Wagen vor einem Bahnübergang stand und geduldig auf den Zug wartete, fuhr mir ein anderes Auto hinten rein. Der Fahrer sprang aus dem Wagen, ich ebenfalls, und er sah ebenso erschrocken aus, wie ich es war. In seinem besten, gebrochenen Englisch sagte er nervös:

»Señora, ich haben kein Versicherung, du nehmen das, okay!«

Mit diesen Worten drückte er mir ein goldenes Fruchtbarkeitssymbol aus Peru in die Hand, winkte und rannte zurück zu seinem Auto. Als ich zu Hause ankam, rief mein Freund Jack an und sagte, er müsse mich unbedingt sehen. Jack war Sucher, Visionär und Vermittlungsanwalt und wußte, wie ungerecht das Rechtssystem ist.

Er kam und schwenkte begeistert ein ungewöhnliches Geschenk in der Hand, das er von einem Hilfsarbeiter aus Osttexas bekommen hatte ... ein peruanisches Fruchtbarkeitssymbol an einem Goldkettchen. Obschon wir beide solche Zeichen und Hinweise nicht besonders ernst nehmen, flogen wir nach Peru, um uns dort mal bei den Schamanen umzusehen.

Die Tricks, die ich dort lernte, waren nicht so wichtig wie die Erkenntnis, daß sie tatsächlich funktionieren. Die Botschaft der Schamanen ist ganz einfach: Gib die Macht dem Patienten, und laß den Patienten an den Heiler glauben. Jede Kultur hat ihre spezifischen Krankheiten, und die Schamanen setzen alle Mittel ein, die dem Patienten dabei helfen können, sein eigenes Immunsystem zu stärken. Methoden, die ein peruanischer Schamane in Trujillo ungehindert anwenden kann, würden in Texas wahrscheinlich zu seiner Verhaftung führen.

Ein Schamane namens Don Ernesto, der zusammen mit seiner Frau und seinem Sohn arbeitete, benutzte die magischen Kräfte eines Visionen hervorrufenden Lianengewächses als Opfer an die Wahrheit. Zwanzig Personen versammelten sich in einer Bambushütte mitten im Urwald zu einer Zeremonie, bei der wir einen Kreis bildeten und eine gräßlich schmeckende schwarze Melassebrühe namens »Ayahuasca« tranken. Dieses Halluzinogen verursacht Visionen ... und Erbrechen. Nachdem wir alle ein oder zwei Runden von letzterem hinter uns hatten, sprudelten die Visionen ohne Unterlaß.

Ein riesiger, furchterregender schwarzer Panther saß als Bewacher am Eingang zu unserer Hütte. Ich versuchte, ihn wegzublinzeln, aber er blieb einfach sitzen und sah weiter furchterregend aus. Ein Tier, das wie aus dem Nichts aufgetaucht war und vor dem sich vielleicht sogar Walt Disney gefürchtet hätte, lenkte mich ab. Wie gebannt verfolgte ich mit den Augen einige Tiere, die im Raum herumsprangen und die ich bis dahin nur in Comic-Heften gesehen hatte. Wir sahen alle die gleichen Tiere. Die Zeremonie hatte um Mitternacht begonnen. Inzwischen waren drei oder vier Stunden vergangen, in denen ich Visionen hatte, von denen ich fürchtete, sie würden nie wieder verschwinden.

Jedesmal, wenn ich ihnen entkommen wollte, indem ich einschlief, klopfte mir Mata, die Frau des Schamanen, mit einem Zenstock auf den Kopf. Dann sah ich plötzlich einen riesigen, bunten Papagei auf Don Ernestos Schultern.

Ich stieß meinen Freund Jack in die Rippen und fragte: »Siehst du den Papagei?«

»Na klar«, sagte er aufgeregt, »und du?«

Wir fingen an, nervös zu kichern, als plötzlich der Papagei herunterhüpfte und auf Matas Schulter landete. Hier begann er, mit seinem scharfen, harten, gebogenen Schnabel wütend in Matas ahnungslosen Augen herumzuhacken und holte sie fast aus den Höhlen. Mata wehrte sich und fiel dabei zu Boden. Sie blutete aus den Augen, und ihr Gesicht war zerschunden und zerkratzt. Ich fühlte mich wie gelähmt. Jack ging es genauso. Der schwarze Panther stürzte sich nun ebenfalls auf die Frau, und wir erstarrten vor Schreck. Jack quetschte meine Hand so heftig, daß es Tage dauerte, bis sie wieder durchblutet war. Ich kniff die Augen zu und hielt den Atem an.

Eine Stunde später ging die Sonne auf, und mit ihr erhob sich die Frau des Schamanen. Sie tänzelte herum, bot uns Säfte an und sah so strahlend aus wie der junge Morgen, ohne daß die geringste Spur auf ihrem Gesicht zu sehen war. Was hatte ich erlebt? Monatelang beschäftigte mich diese Frage. Jack ging es ebenso. Aber wenn man die Antwort nicht findet, verschwindet auch die Frage irgendwann. Jeder Schamane hat seinen ganz persönlichen Stil und sein Wissen, wie jeder andere Mensch auch. Ein sehr fähiger Schamane namens Don Roberto, aus einem kleinen peruanischen Dorf, arbeitet mit einem Meerschweinchen, mit dem er über den ganzen Körper fährt und das er dann lebend enthäutet. Aus seinen Eingeweiden liest er die Diagnose für die jeweilige Krankheit. Ich kannte ähnliche Methoden mit Katzen, aber die mit dem Meerschweinchen war neu für mich.

Don Roberto hält Zeremonien mit dem San-Pedro-Kaktus ab, einer halluzinogenen Pflanze, die auch als Mittel zur Erlangung von klaren Visionen eingesetzt wird. Bei einem anderen magischen Zirkel trafen wir uns an einem windigen peruanischen Strand. Wir bekamen eine schwarze, mit Kaktussaft gefüllte Muschel, wurden dann angewiesen, unser linkes Nasenloch mit dem Daumen zuzuhalten, unseren Kopf in den Nacken zu legen und die Flüssigkeit in unsere Nase zu gießen. Der Kaktussaft brannte beim Herunterlaufen. Während wir »tranken«, pfiff der Schamane eine eindringliche Melodie. Dann traten wir einer nach dem anderen vor ihn hin und durften eine Frage stellen. Ein Mann fragte ihn:»Kann ich meinem Geschäftspartner trauen?«

»Nein«, war die Antwort. »Gerade in diesem Moment fährt er mit einem langen weißen Auto über eine lange hohe Brücke, um Aktien zu verkaufen, die dir gehören.«

Trotz der Dunkelheit konnte ich sehen, wie der Mann aschgrau im Gesicht wurde. Sein Partner besaß einen langen weißen Cadillac, und um von ihrem Büro zur Bank zu kommen, mußten sie über eine hohe Brücke fahren.

Jetzt war ich an der Reihe. Bevor ich wußte, wie mir geschah, hatte mich mein Freund Jack bereits in die Mitte geschoben. Erst als ich vor der »Mesa«, dem Tisch oder Altar des Schamanen, stand, auf dem verschiedene magische Objekte ausgebreitet waren, spürte ich die Wirkung des San-Pedro-Kaktus. Plötzlich ergriff mich ein Energiewirbel, der das sanfte Geräusch des Windes in einen Wirbelsturm verwandelte. Der Schrei eines Schweins klang in meinen Ohren so laut wie das Brüllen einer Büffelherde. Ich blinzelte, und ein hölzernes Pferdchen auf der »Mesa« hob seinen Kopf. Eine große schwarze Koralle begann zu vibrieren. Der Schamane fing langsam an, meinen Namen zu singen, und plötzlich stand ich genau vor ihm; aber er war ein etwa elf- oder zwölfjähriger Junge. Sein Gesicht sah aus wie vorher, nur jünger, und er trug auch die gleiche, seltsame, kleine dunkelblaue Wollkappe. Er hatte große, schwarze, feuchte, geheimnisvolle Augen, saß vor einem langen, niedrigen Tisch und formte eine Schale aus Ton.

Seine Mutter trat zu ihm und sagte: »Dein Vater wartet. Beeil dich.«

»Ich bin noch nicht fertig«, sagte er tonlos.

»Dein Vater wird böse sein«, antwortete die Mutter.

»Mein Vater ist im Himmel«, stieß er rasch hervor.

Ich sah gebannt zu, wie seine Mutter ihn mitfühlend an der Schulter berührte und dann ging. Ich war fassungslos. Ich wußte nicht, ob ich jetzt meine Frage stellen oder sagen sollte, was ich gesehen hatte.

»Siehst du oft Szenen aus der Vergangenheit?« ließ mich Don Roberto durch seinen Übersetzer fragen. Ich war wieder perplex. Wie konnte er wissen, was ich gerade gesehen hatte?

Er forderte mich auf, zu irgend jemand anderem aus dem Kreis zu gehen. Ich ging auf Jack zu. Er sah aus, als wäre er in diesem Moment lieber zu Hause gewesen. An seinem schwarzen Bart hing ein kleiner, weißer Eiszapfen, und seine Augen leuchteten in der Dunkelheit wie Kometen. Dann war er plötzlich ein sechs- oder siebenjähriges Kind. Er stand neben seiner Lehrerin am Pult und sah völlig verängstigt aus. Die Lehrerin hob ihn hoch, setzte ihn sich auf den Schoß und drückte ihn an sich, während der Rest der Klasse zuschaute. Sie wollte ihm gerade sagen, daß seine Mutter bei einem Autounfall gestorben war. Ich blinzelte ganz stark mit den Augen, und dann sah Jack wieder so wunderbar und besorgt aus wie immer.

»Jack«, sagte ich mit halberstickter Stimme, »ist deine Mutter bei einem Verkehrsunfall ums Leben gekommen?« Er sah drein, als hätte ich ihm eine Ohrfeige verpaßt. Dann fielen wir uns in die Arme und weinten.

Ich kam nicht dazu, meine Frage zu stellen, die gelautet hätte: »Warum kann ich nicht Szenen aus der Vergangenheit sehen, wann ich möchte . . . willentlich?«

Später an diesem Abend erinnerte ich mich daran, daß Charlie einmal zu mir sagte:»Die Vergangenheit sehen zu können, erfordert, ebenso wie die Zukunft oder Gegenwart, Übung. Wir bekommen gewöhnlich das, worauf wir uns vorbereitet haben.«

Die Zukunft hatte ich schon immer sehen können, aber die Zeitangaben waren ungenau. Wenn ich zum Beispiel sagte: »Mein Vater kauft mir ein Fahrrad«, und ich nach sechs Monaten das einzige Kind in der Nachbarschaft ohne Fahrrad war, sah es so aus, als ob meine Voraussagen Lügen wären. Als mein Vater dann das Fahrrad tatsächlich kaufte, mißtraute ich meiner Intuition. Da ich die Vergangenheit nicht willentlich sehen konnte, tat ich dieses Phänomen einfach ab. Jetzt verstand ich, daß die Vergangenheit sehen zu können ein Geschenk war, das mir half, die Probleme von Menschen zu verstehen. Ich mußte lernen, meinen eigenen Fähigkeiten zu vertrauen, wenn ich in den Menschen, mit denen ich arbeitete, Vertrauen erwecken wollte.

Die meisten Schamanen, die ich kannte, waren gesund und voller Ernergie und Liebe. Sie kannten Mutter Natur und wußten auch, wie man sie bemuttert. Den Elementen begegneten sie voller Respekt. Der Geist des Feuers war für sie ein lebendes Wesen, und sie verstanden es gut, mit ihm umzugehen. Sie lauschten dem Wind, benutzten die Luft, um sich zu reinigen, und hörten dankbar dem Geräusch des Wassers zu. Kräuter, Pflanzen und Blumen waren für die Schamanen Geschenke an die Menschheit, und sie heilten mit ihnen die Wunden der Menschen. Sie verlangten kein Geld, obwohl sie oft um welches baten. Es wäre ihnen nie eingefallen, jemanden nicht zu helfen, weil er kein Geld hatte. Nie! Sie verlangten nur soviel, wie man geben konnte, ohne daß es einem weh tat. Die Schamanen lebten nicht besser als die anderen Dorfbewohner. Sie ließen sich von den Naturgeistern leiten.

Ein Schamane, den ich kennen und lieben lernte, wurde vom Geist des Alkohols geleitet. Wenn Don Julio nüchtern war, und das war er gewöhnlich am Sonntagmorgen zwischen sechs und zehn, galt er als großer Heiler. In meinem besten, wenn auch armseligen Spanisch bot ich ihm meine Hilfe an, um seine Alkoholabhängigkeit zu überwinden. Er versicherte mir, daß er Geister hätte, die ihn führten. Ich erklärte ihm, daß ich den Geist des Whiskys sehr wohl kannte, ihm aber auch andere Möglichkeiten zeigen wolle. Auf seine ureigene Art und Weise nahm er meine Hilfe an.

Jeden Tag saßen wir beisammen und schwiegen. Er lehrte mich, dem Wind zu lauschen, und wir lauschten ihm; jeder für sich und doch gemeinsam. Anfangs hörte ich nur, wie der Wind um meine kalten Ohren pfiff. Ich hätte sicher mit den Ohren geklappert, wenn das möglich gewesen wäre. Schließlich hörte ich über diesen Ton hinaus, und es war, als hätte ich mich auf eine Frequenz des Kosmos eingestellt, auf der ein Lied des Universums erklang.

Eines Nachmittags saß ich neben meinem alkoholisierten schamanischen Freund, und wir lauschten dem Wind. Wir kauerten mit gestrickten Kappen und in unsere Ponchos eingehüllt auf halber Höhe des Juanapicho. Zuerst fühlte ich eine sanfte Brise, die mein Gesicht liebkoste. Meine Augen hielt ich schon seit geraumer Zeit geschlossen. Dann spürte ich, daß rechts neben mir ein Tier oder irgend etwas anderes sein mußte. Ich öffnete die Augen und sah meinen freundlichen, stolzen Adler neben mir sitzen. Ein heftiger Wind fuhr mir durch alle Glieder. Ich begann zu zittern, und mein Körper fühlte sich erfroren an.

Als nächstes erinnere ich mich, daß ich auf den Rücken des Adlers gehoben wurde und wir in Richtung Himmel entschwebten. Wir waren schon hoch in den Wolken, als ich auf den Berg hinabsah, auf dem ich meditiert hatte. Da saß ich, ganz still und sah meditativ aus. Don Julio, der immer noch an meiner Seite hockte, sah deprimiert aus.

Der Adler stieg höher in die Lüfte empor, und plötzlich, ohne Vorwarnung, begann ich zu fallen ... rückwärts, wie ein Astronaut, der Purzelbäume im All schlägt. Schließlich landete ich auf meinen Füßen, auf einem violettfarbenen Plateau, umgeben von Kristallbergen. Diese Berge wurden von Sternen beleuchtet, die zum Greifen nahe schienen. Ein unglaublich schönes, kahlköpfiges, etwa elfjähriges Mädchen empfing mich. Ihre erstaunlichen, schimmernden Augen lächelten, als sie mit lyrischer Stimme: »Willkommen zu Hause«, sagte.

Ich versuchte zu sprechen, aber es kamen keine Worte.

»Je weniger wir sprechen, desto mehr hören wir«, sagte sie. Ihre Stimme klang wie eine Symphonie, als sie hinzufügte: »Es ist leicht, dieselbe Sprache zu sprechen, wenn wir keine Worte benutzen.«

Ich hörte ihre Worte, aber ihre Lippen bewegten sich nicht. Die Botschaft schien aus den Sternen in ihren Augen zu kommen.

Sie bemerkte meine Verwirrung und sagte: »Bald wirst du wieder auf der Erde sein, und ich möchte, daß du dich an diese Worte erinnerst: Die Harmonie liegt im Leben selbst. Sie berührt die Seele, wenn sie im Singen und Lachen der Menschen aufklingt und im Pulsieren und Schlagen des Herzens widerhallt. Wenn die Harmonie in deine tiefsten Tiefen eindringt, wird sie dir ein neues Lebenselixier sein. Der Klang der Harmonie, der unter den Menschen erklingt, erfüllt die Schöpfung mit Freude und bringt der Welt Frieden.«

Wieder versuchte sie, meine Angst zu beschwichtigen, und sagte mütterlich: »Viele Menschen auf der Erde haben schon Sterne in den Augen.«

Danach umarmte sie mich, und die Umarmung fühlte sich menschlich an. Ich fühlte mich erfüllt. Dann blinzelte ich, und sie war verschwunden.

Als nächstes erinnere ich mich daran, daß mir Don Julio auf die Schulter tippte. Er grinste dabei von einem Ohr zum anderen. In seinem Inka-Spanisch sagte er zu mir: »Der Geist des Alkohols ist fort.« Dann lachte er und fügte hinzu: »Geh jetzt nach Hause und suche dir einen Mann mit Sternen in den Augen.«

Danach stellte ich keine Fragen mehr, auf die es keine Antwort gab ... und ich war heilfroh, daß ich nicht erklären mußte, was passiert war, denn das wußte ich selbst nicht.

Auf dem Rückflug von Peru lauschte ich in meine Stille hinein, und es klang mir entgegen: »Du bist einsam, du dumme Kuh. Was du dir wünschst, ist ein Lebenspartner. Du bist geil auf einen Mann, also such dir einen, wenn du gesund und glücklich bleiben willst.«

Jetzt, wo mein Verstand auf mein Herz hörte, wußte ich, daß die Stimme recht hatte. Ich war so einsam wie eine dicke graue Katze, die man aus Versehen mitten im kalten Winterregen ausgesperrt hatte.

Sophia erwies ich als echte Freundin. Wir akzeptierten und tolerierten uns, ohne den Versuch zu unternehmen, den anderen zu ändern. Als ich zu ihr sagte: »Ich brauche in meinem Leben einen Mann«, sorgte sie dafür, daß ich einen traf. Er war nicht gerade so, wie ich ihn mir in meiner Phantasie vorgestellt hatte. Er sah viel besser aus und war um etliches jünger. Ich war immer der Meinung gewesen, daß der Mann älter sein müsse. Heute weiß ich, daß das nicht stimmt.

Wir wußten, daß wir uns als Freunde lieben würden, als wir uns beide auf einem Kongreß für seelische Gesundheit so sehr langweilten, daß wir ihn gemeinsam verließen, einen Joint rauchten und uns gegenseitig die Geheimnisse unserer Seele anvertrauten. Nachdem ich die Abneigung gegen seine Zahnklammer überwunden hatte, kamen wir uns nahe genug, um endlich zur Sache zu kommen.

Tapfer überstand er meine rasante Liebesaffäre mit einem engen Freund aus Übersee und machte sogar bei dem Experiment einer Dreiecksbeziehung mit. Was ich am alternativen Lebensstil so besonders mochte, war, daß ich Alternativen ausprobieren durfte, wenn etwas nicht klappte. Ich war immer der Ansicht gewesen, daß drei in einem Bett ebenso verhängnisvoll waren wie dreizehn, aber jetzt wußte ich es. Wenn die beiden Männer sich sexuell anziehend gefunden hätten, wäre das Ganze vielleicht weniger verrückt gewesen, aber es war für mich nicht möglich, »dreieckig« zu leben. Allein das Bemühen, die eigenartige Beziehung zwischen uns dreien vor dem Rest der Welt zu verheimlichen, war ähnlich vergeblich, wie mitten im Winter nackt an einer belebten Straßenecke zu stehen und dabei unbemerkt zu bleiben. Es gibt keine Familiengeheimnisse, die Leute wünschen sich nur, es gäbe welche. Einer von uns mußte gehen, und das hätte ohne weiteres auch ich sein können. Die Kerle kamen nämlich gut miteinander aus.

Mein Freund aus fernen Landen wollte absolute sexuelle Freiheit: das Privileg, auch mit vielen anderen Frauen zu schlafen. Mir wurde klar, daß ich noch immer *einen* Lebenspartner wollte, einen, zu dem ich gehörte und zu dem ich stehen konnte. Mein Freund aus Übersee war ein leidenschaftlicher Vollblutromantiker. Ich wußte, wie schön Romantik sein kann ... aber auch wie zerbrechlich sie ist. Ein vergessener Hochzeitstag oder ein paar hübschere Beine, und schon schwand sie dahin, die Romantik. Ich hatte keine Lust, nach dem »Mach's-den-Eltern-recht-Spiel« nun das »Mach's-dem-Partner-recht-Spiel« zu spielen oder ständig Angst davor zu haben, wie der Rest Nudeln von gestern kalt stehen gelassen zu werden: kalt und klebrig.

Ich wollte mit jemandem zusammensein, der wie ich nach innerem Frieden strebte und dem sein spirituelles Leben genauso wichtig war wie mir ... vorzugsweise jemandem, der auch noch gerne kalte Spaghetti zum Frühstück aß. Auf meinen texanischen Freund traf das alles zu. Er machte sogar Kundalini-Yoga. Außerdem wünschte er sich so sehr eine Partnerin, daß er sieben Monate lang täglich ein Mantra aufgesagt hatte, um eine schöne, spirituelle Frau zum Heiraten zu finden ... wenn möglich mit einem schönen Hintern und einer Menge Geld. Wir waren beide entschlossen, uns bewußt der Vertiefung unserer psychologischen, sexuellen und spirituellen Fähigkeiten zu widmen. Wir liebten beide die Liebe.

Er zog so still in mein Haus ein, wie er in mein Herz Einzug gehalten hatte. Noch nicht einmal die Möbel mußten umgestellt werden.

Ich war nicht mehr einsam.

Danach begann ich, Workshops zu geben, in denen ich Tri-Energetik unterrichtete: Kundalini-Yoga, Bioenergetik und schamanische Heilmethoden. Dort lernten die Leute auch, wie man Klang und Stille feiert. Sie machten in einem fünftägigen Kurs mehr Fortschritte als in einem halben oder einem Jahr wöchentlicher Einzeltherapie. Ich kannte die magische Kraft eines Heilkreises und wußte: Wenn ich meine psychischen Fähigkeiten schulen konnte, dann konnte das jeder andere auch.

Ich stellte fest, daß die Menschen, die zu meinen Workshops kamen, nach dem gleichen suchten wie ich: nach viel Liebe, richtig lachen zu können und ein wenig Frieden.

Sobald wir kulturelle Unterschiede überwunden hatten, waren wir alle gleich. Wir alle waren dazu erzogen worden, unsere Gefühle und unsere Töne zu unterdrükken. Viele von uns kannten die Erfahrung, in überquellenden Klassenzimmern hinter engen, kleinen Schulbänken eingeklemmt zu sitzen und weder reden noch schreien zu dürfen. Die Töne, die Menschen von sich gaben, waren überall auf der Welt die gleichen. So wie die Probleme, die sie mitteilten. Diese angestauten Töne loszulassen, ermöglichte es den Leuten, einander als menschliche Wesen zuzuhören, die alle unter Wunden leiden, die von Menschen herrühren, die ihr Bestes getan hatten.

Wir brauchten die Erfahrung, in einer Gruppe wie eine Familie zusammenzusein, losgelöst von unseren geschlechtsspezifischen Rollen, um das Wunder zu erleben, ein ganz normales menschliches Wesen zu sein. Mehr war gar nicht nötig. Sobald die Leute aufhörten, Angst voreinander zu haben und hinter dem Rücken schlecht über den anderen zu reden, fühlten wir uns sicher genug, um frei und liebevoll miteinander umzugehen. Wenn wir gegenseitig an unsere Fähigkeiten glaubten, dann hatten wir sie auch. Jeder förderte sie im anderen.

Die Teilnehmer brachten ihre Partner, Eltern und Kinder mit in die Gruppe und begruben gemeinsam Fehler der Vergangenheit. Einige Teilnehmer verließen den Workshop mit einem völlig neuen, befriedigenderen Gefühl sich selbst und anderen gegenüber.

Wir sangen, tanzten, machten Musik, spielten Theater, entdeckten verborgene Talente in uns, feierten Zeremonien, machten Yoga, gingen neue, sinnvollere Beziehungen ein, lachten, weinten, nahmen Anteil aneinander und deckten unsere individuellen, persönlichen Fähigkeiten und Ängste auf. Wir brauchten keinen Kurs in Wundern, um zu lernen, trotzdem eins zu erwarten.

Sobald die Teilnehmer ihre Mauern aus Verteidigung und Verleugnung niederrissen und ihre negativen Gedanken rausließen, verspürten sie Erleichterung durch inneren Frieden. Je besser sie sich fühlten, desto schlechter ging es mir.

Nach den Workshops litt ich oft zwei oder drei Wochen lang an Fieberanfällen, Depressionen und Ängsten und lebte die Symptome der Menschen, mit denen ich gearbeitet hatte, aus, bevor sich mein Leben wieder normalisierte.

Ein hartnäckiger Geist verfolgte mich sogar bis über das Meer und veränderte meine Gesichtszüge dermaßen, daß ich aussah, als würde ich gleich einen epileptischen Anfall bekommen. Danach entschloß ich mich, zu einem internationalen Schamanentreffen zu reisen, um dort vielleicht herauszufinden, was mit mir los war. Spiritisten, Kräuterheiler, Schamanen, Schwindler, Heiler ersten Ranges, Frauen jeglicher Art, verrückte und völlig ausgeflippte, Hexen und Zauberer, Meister und Scharlatane trafen sich und teilten ihr Wissen, ihr Können und ihre Liebe miteinander.

Bei strahlender österreichischer Sonne und einer Tasse Tee wurde mir ein Teil dieser Frage beantwortet. Die Antwort kam von einer indischen Schamanin mit langem schwarzem Haar und einem großen schwarzen Liebhaber, deren Anblick mir ewig unvergeßlich bleiben wird.

»Du bist ein Psychoschwamm«, sagte sie fröhlich.

»Was ist denn ein Psychoschwamm?« fragte ich und versuchte, mich dabei wie eine intelligente Frau mit Niveau zu geben.

»Ein Psychoschwamm ist ein ganz normaler Mensch, der heilt, indem er sich völlig öffnet und so die Widerstandsfähigkeit allen Einflüssen gegenüber verliert.«

»So bin ich«, sagte ich begeistert und spielte nicht länger cool, »darin erkenne ich mich voll wieder.«

Ich hatte mich nie bewußt dazu entschieden zu lernen, wie man ein Psychoschwamm wird. Wer hat denn schon Lust, den ganzen spirituellen Dreck aufzusaugen und sich mit den unglaublichen, glibberig-schleimigen Rückständen herumzuschlagen, die manchmal in diesem Schwamm zurückbleiben, obwohl sie da gar nicht hingehören.

Ich wollte gern mit einem Schamanen aus Nordamerika sprechen, der den Ruf hatte zu wissen, wie man sich schützt. Er ließ mich nicht in seine Nähe, weil ich meine Periode hatte. Er schützte sich. Ich war stinksauer.

Dann versammelte ich eine Gruppe von Frauen um mich, und wir diskutierten über unsere Menstruation. Zum ersten Mal in meinem Leben feierte ich meine Ungenießbarkeit. Zum ersten Mal in meinem Leben war ich stolz auf meine Periode. Nach diesem Treffen hatte ich eine ganze andere Achtung vor menstruierenden Frauen ... und vor dem Geist, den sie verkörpern.

Nachdem das Schamanentreffen zu Ende war, wußte

ich, daß ich meine Arbeitsweise nicht ändern konnte, aber ich konnte mir die Leute aussuchen, mit denen ich arbeitete.

Mein Liebster holte mich am Flughafen mit der Nachricht ab, daß mein Vater nicht mehr lange zu leben hatte.

Ich hatte nie viel Zeit allein mit meinem Vater verbracht; meine Mutter hatte das in keiner Weise unterstützt. Jetzt plötzlich hatte ich Gelegenheit, mit ihm Ausflüge aufs Land zu machen, ihn an einige der herrlichen Fleckchen zu führen, die ich im Wald kannte, und ... mit ihm zu reden, zu lesen und wirklich zusammenzusein.

Am Anfang weigerten wir uns, einfach zu glauben, daß er höchstens noch einen Monat zu leben hatte. Dann wurden wir wütend. Als nächstes versuchten wir, Zeit zu gewinnen, wurden deprimiert ... und akzeptierten schließlich beide sein Schicksal.

Wir probierten jede nicht-invasive Medizin, angefangen von Kräutern bis zu Interferon, aber sechs Wochen nachdem die Diagnose gestellt worden war, lag er ohne Bewußtsein im Krankenhaus und hatte nur noch ein paar Stunden zu leben.

Ich stand an seinem Bett ... verweint, traurig, aber mit ihm und seinem Schicksal ausgesöhnt. Er konnte Urin und Stuhl nicht mehr halten. Ich wußte, daß er urinieren mußte. Zwei Wochen lang hatte ich den Schwestern zugeschaut, wie sie ihn versorgten. Jetzt war keine Schwester in der Nähe. Ich bückte mich, griff die Urinflasche und nahm seinen Penis in die Hand, damit er pinkeln konnte. In diesem Moment wurde ich frei von kulturellen und religiösen Normen und Gedanken und von meiner Konditionierung. Ich erlebte meinen Vater ohne Werturteil, ohne Kritik und ohne Projektion.

»Mein Gott, ich liebe dich so sehr, Papi!« sagte ich und

hielt dabei immer noch seinen Penis. Ich liebte ihn von ganzem Herzen und bedingungslos.

Dann stellte ich die Urinflasche auf den Boden, zog die Decke über seine kalten Schultern ... und weinte. Ich weinte die Tränen, die ich ein Leben lang angesammelt hatte. Sie liefen mir die Wangen herab und durchnäßten mein Sweatshirt.

»Papi, geh noch nicht, ich liebe dich«, hörte ich mich schluchzen. »Ich weiß, daß du mich nie verstanden hast ... aber du hast mich immer geliebt.«

Ich weinte um all die Töchter, die nach der Anerkennung ihrer Väter hungerten, und um all die Väter, die sich zu sehr vor ihrer Sexualität fürchteten, um die körperlicher Nähe zuzulassen, durch die die schmerzvollen Wunden heilen können, die zwischen Eltern und Kindern entstehen. Ich weinte um all die Väter, die ihre Kinder nie gekannt hatten, und um diejenigen, die wünschten, sie hätten sie nie gekannt. Ich weinte um all die Väter, die ihr Bestes getan und am Ende nie gewußt hatten, ob es genug gewesen war. Ich weinte um all die kleinen Mädchen, die zu spät begreifen, wie nichtig es ist, die Tochter ihres Vaters zu sein. Ich weinte um all die Väter, die sterben, bevor sie sich selbst vergeben haben ... ich legte mein Gesicht an seines, und er war tot.

Meine Mutter starb achtzehn Monate später, und ihr Tod war auch nicht leichter. Wir hatten uns jahrlang bekriegt. Ständig gerieten wir uns in die Haare. Wir fügten uns gegenseitg sehr viel Schmerz zu und hörten trotzdem nicht auf damit.

Meine Mutter war ein Mensch, mit dem ich nicht leben, den ich aber auch nicht verlassen konnte. Sie brauchte nur eine Augenbraue hochzuziehen, um mich in ein wütendes Kleinkind zu verwandeln.

Ich konnte es kaum fassen, daß ich, zwei Tage bevor sie starb, so verzweifelt war, daß ich ihr in die fast tauben Ohren schrie: »Bitte laß uns erkennen, daß wir uns lieben, bevor zu stirbst. Bitte, bitte, laß mich dich lieben!« Die Krankenschwestern waren zu Tränen gerührt, aber meine Mutter blieb stoisch nüchtern.

Ich habe sie nie ganz verstanden. Am Tag, als sie starb, lag sie in einem fast völlig abgedunkelten Krankenzimmer und beschwerte sich, daß es zu hell sei. Ich war irritiert. Sie hatte sich immer gebrüstet, sich ohne ein Lächeln beschweren zu können, und irgendwie schaffte sie es, sich bis zum bitteren Ende treu zu bleiben. Während ich noch verzweifelt versuchte, mit einem Laken die letzten Sonnenstrahlen zu bannen, die durch das Fenster drangen ... starb sie.

Ihre letzten Worte waren: »Es ist zu hell hier!« Typisch für meine Mutter, sich bei ihrem letzten Atemzug über das *Licht* zu beschweren.

Ich betrachtete ihr Gesicht. Zum ersten Mal in meinem Leben sah ich sie mit einem Lächeln, das die ganze Welt hätte heilen können. Ich nahm ihre Hand und fragte mich, ob sie ihr nächstes Leben wohl in Liebe und Lachen leben würde.

Trotz des Schmerzes, den ich über den Verlust meiner Eltern empfand, hatte ich ein Gefühl von Freiheit. Ich fühlte mich frei von der Last meiner Vergangenheit und von dem angesammelten Wissen der Jahrhunderte. Ich wurde zu einem einzigartigen, vollständigen Individuum.

Jetzt, wo ich Zeit hatte, wirklich wahrzunehmen, mit wem ich zusammenlebte, richtete ich meine Aufmerksamkeit auf den geliebten Freund, der meine Eltern gepflegt hatte, als wären sie seine eigenen ... und der mir durch seine Liebe und sein Lachen Kraft gegeben hatte. Ich war ihm dankbar, aber noch mehr als das ... ich empfand Frieden.

Es ist schwierig, Dinge zu bemerken, die einem zu nahe sind. Zum Glück wurde mir bewußt, daß der Mann, der mit mir in meiner Wohnung lebte, mein Bett mit mir teilte und meine Zahnpastatube ausdrückte ... mein Beschützer war, der beste Geisterjäger weit und breit.

Er kannte alle Arten und Weisen, sich spirituell zu schützen ... er verstand etwas von Kristallen, Edelsteinen und -metallen und auch von Mantras. Das Gute an spirituellen Phänomenen ist, daß die Ergebnisse klar auf der Hand liegen. Entweder es funktioniert, oder es funktioniert nicht. Das ist so einfach wie bei den Schamanen. Es gibt kein Diplom, das einem die Kompetenz bescheinigt. Wenn du etwas tust und es gelingt dir, dann ist das schon ein Schein auf dem Weg zum Diplom. Sobald wir begannen, gemeinsam zu arbeiten, hörte ich auf, krank zu werden.

Wir wurden in einem blumenübersäten Tempel von Sant Keshavadas, einem spirituellen Troubadour, getraut, der meinen Geliebten gelehrt hatte, wie man mit Mantras heilt und wie man mit ihnen eine Frau herbeisingt. In unseren schönen weißen Gewändern und Blumengirlanden gingen wir bei der Hindu-Hochzeitszeremonie die sieben Schritte, genau wie die Ghandis, und ich versprach: »Ich werde allen anderen Männern wie eine Schwester sein.«

Die Bedeutung dieses Schwurs wurde mir erst zwei Tage später schlagartig klar, als ein Mann, den ich zum Freund wollte, anfing zu flirten. Ich teilte ihm mit, unter welchen Bedingungen er mit mir eine Beziehung haben könne: kein Techtelmechtel.

Er hörte auf, das Ich-Mann-du-Frau-Spiel zu spielen und fing an, mich als »Mensch« zu behandeln. Ich habe es immer geliebt, mit Menschen zusammenzusein, die gern lieben, auch mit Männern ... aber normalerweise hindert die Sexualität oder die Angst vor sexuellen Interessen Männer und Frauen daran, sich wirklich kennenzulernen. Jetzt konnte ich so viele Brüder und Schwestern haben, wie ich nur wollte. Ich war in Sicherheit, und die Männer konnten mir ruhig näherkommen. Auch wenn man verheiratet ist, braucht man Freunde ... denn wenn man nicht außerhalb der Ehe noch andere interessante Freunde unterschiedlichster Art hat, neigt man eher zu heimlichen Liebschaften. Mein Versprechen hatte mich frei gemacht.

Bei unserer zweiten Hochzeit (ich hatte immer gedacht, man könnte pro Mann nur eine Hochzeit feiern) tanzten und hüpften meine zwei reizenden Töchter zusammen mit ihren beiden gutaussehenden Söhnen den Gang unserer Unitarierkirche entlang. Der Sohn meiner Schwester dirigierte fünfzig unserer besten Freunde bei einem Klatsch-und-Stampf-Gesang. Die gesangsbegabte Tochter meiner Schwester öffnete mit ihrer heilsamen Stimme das Herz aller Anwesenden, und ich schritt langsam und stolz an der Seite meiner geliebten Hündin Shiloh, die immer noch ein Lächeln im Gesicht hatte, den Kirchengang entlang.

Das sechste Chakra

Indigoblauer sechster Sinn

Sitz: Drittes Auge

Klang: *Om*

Farbe: Indigoblau

Element: –

Funktion: Intuition

Sinneswahrnehmung: Sechster Sinn

Zusammenhänge: Zu den *physiologischen* Problemen zählen Sehstörungen, Kopfschmerzen, Schlaflosigkeit. Ausgewogenheit im physischen Bereich bewirkt geistige Konzentration, die Fähigkeit abzuschalten und, wenn nötig, sich auszuruhen.

Im *emotionalen* und *Verhaltensbereich* geht es um die Integration der intuitiven Wahrnehmung: wie beispielsweise intuitives Wissen ohne Vorinformation durch die fünf Sinne, übersinnliche Wahrnehmung, außersinnliche Wahrnehmung, ASW, übermäßiges Denken, Kontrolle der Gedanken, eigenständiges Denken. Phänomene, die Probleme verursachen können, sind unter anderem Präkognition (in die Zukunft sehen), prophetische Traumvisionen, Hellhören (Töne, die nicht da sind), Hellsehen (Dinge sehen, die sich woanders zutragen), Psychometrie (die Geschichte von etwas durch Berühren oder Ansehen erspüren), Telepathie (Gedanken lesen) und Telementation (andere durch Gedanken beeinflussen). Unausgewogenheit im emotionalen Bereich kann schwere geistige Verwirrtheit bewirken, ebenso Wahnvorstellungen, Halluzinationen und autistisches Denken. Ausgeglichenheit im emotionalen Bereich erschließt eine Fülle von Informationen, die den fünf Sinnen nicht zugänglich sind.

Im *spirituellen* Bereich geht es um die Integration übernatürlicher Kräfte. Wenn die Energie des Stirnzentrums die Vibrationen der fünf unteren Chakras übernimmt, wird seine eigene Vibration heruntergesetzt und von Gefühlen beeinflußt. Durch Ausgeglichenheit im spirituellen Bereich kann der Lichtstrahl reinen Denkens bis in die Sinne dringen und helfen, die Disharmonien des Lebens auszugleichen. Je freier der Geist von den unteren Chakras wird, desto unabhängiger wird er in seiner Schwingung. Die Fähigkeit, die Gedanken zu konzentrieren und fließen zu lassen, läßt das Licht der Intuition aufleuchten, um das höchste Bewußtsein zu wecken.

Fragen: Bin ich mental veranlagt? Was bedeuten meine Träume? Warum denke ich so viel? Was ist mit Raum und Zeit? Gibt es Außerirdische unter uns? Kann mich spirituelles Lieben befreien? Was passiert, wenn die Zeit stillsteht? Kann ich in die Vergangenheit, Gegenwart oder Zukunft sehen? Kann ich Gedanken lesen? Worum geht es eigentlich?

Sechster Vers

An frei denkende Menschen

Bewund'rung all denjenigen,
die wagen, neu zu denken,
Applaus den wenigen, die sich von
Intuition lassen lenken,
die wissen, sie müssen die Dinge positiv angehen,
auf daß wir nicht bald vor dem
Nie-Frau-Land stehen.

VI. Intuition

Es ist gut, daß die Welt nicht im Frieden sein muß, damit ich friedlich sein kann, denn ich weiß, sie wird nicht dahin gelangen, bevor ich es bin. Das braucht man mir nicht zu sagen, das weiß ich von allein. Genauso »wußte« ich, daß der wahre Grund dafür, daß meine Eltern mir ein Kätzchen kaufen wollten, nicht der war, daß sie mich liebten – wie sie behaupteten –, sondern weil wir Mäuse auf dem Speicher hatten. Wenn ich Menschen dazu bringen wollte, ihr Leben wie ein Lied zu leben, dann würden wesentlich mehr Menschen darin einstimmen, wenn ich es lernte, in einem Zustand der Harmonie zu bleiben.

Wir hatten ein kleines Strandhaus in Galveston gemietet, von wo aus man den Golf von Mexiko überblicken konnte. Dort hatte ich angefangen, unter freiem Himmel auf der Veranda zu schlafen. Eines Morgens, kurz bevor die Sonne aufging – mein Mann kochte gerade Kaffee –, sah ich zu, wie die Wellen einen Ozean voller Müll an den Strand spülten: Orangenschalen, zerbrochene Flaschen,

Bierdosen, alte löchrige Socken, aufgeweichte Papptüten, Glühbirnen und gelegentlich ein nicht identifizierbares Flugobjekt; alles mit den besten Empfehlungen von den Bohrinseln draußen im Meer.

Als wir unseren Kaffee tranken, hörte ich mir ruhig an, wie mir mein Mann erzählte, daß das neue Krankenhaus, in dem er als medizinischer Psychologe arbeiten würde, direkt gegenüber von einer völlig verseuchten Giftmülldeponie lag.

Ich legte meine Füße auf das Geländer der Veranda und drehte lässig den Kopf, gerade rechtzeitig, um einen Mann aus dem Nachbarhaus klettern zu sehen, das er ausgeraubt hatte. Wir lauschten dem Klang der preisgekrönten Alarmanlage, die Tote weckte. Erst nach einigem Zögern verständigte mein Mann die Polizei: Er wußte, daß diese von den ständigen Beschwerden schon völlig genervt war.

Als wir auf das Eintreffen der Polizei warteten und währenddessen versuchten, uns über den ohrenbetäubenden Lärm hinweg zu verständigen, rief meine Sekretärin an (die die ganze Nacht nicht geschlafen hatte), um mir zu sagen, sie hätte erfahren, daß der Alkoholiker, den ich behandelte (und der in so schlechter Verfassung war, daß ich mich fragte, wie er es mit dem Auto überhaupt bis zu meiner Praxis schaffte), gar nicht arbeitslos war: Er war Fluglotse am hiesigen Flughafen.

Ich lauschte dem grellen Alarmschrillen, stand auf, atmete tief ein und schrie . . . in genau dem gleichen Ton.

Ich mochte Texas. Trotzdem wollte ich wegziehen, wegen der Dinge, die hier passierten. Aber wohin? Wir begannen im Geist nach einem Land zu suchen, das wir lieber als die USA mochten, und überlegten uns die Auswahlkriterien. Am wichtigsten war es, in ein Land zu ziehen, das einen auch wieder gehen ließ. Außerdem wollten wir dort leben, wo unsere Steuern nicht zum Kauf von Atomwaffen verwendet wurden, die uns dann – sei es zufällig oder absichtlich – vernichten würden. Wir wollten ohne radioaktive Rückstände in unserer Suppe leben. Wir wollten ein hübsches, ruhiges Fleckchen in der freien Natur, wo die Bäume sich vor dem Regen noch nicht fürchten mußten und wo wir die Menschen ermuntern konnten, tief durchzuatmen, ohne Angst, daß die Luft sie umbringen würde. Wir wollten dort leben, wo unsere Liebe zum Frieden uns nicht zu subversiven Elementen stempelte, wo Frieden-Schließen nicht als unpatriotisch galt.

Patriotismus weckte in mir dieselben Gefühle wie damals, als meine Mutter sagte: »Es ist egal, ob ich im Recht oder Unrecht bin. Ich bin deine Mutter ... also habe ich recht.« Patriotismus, wie auch institutionalisierte Religion, war für mich so, als würde ich mit dem falschen Mann schlafen: Es klappte nur, wenn ich die Augen schloß. Ich versuchte, meine Augen geschlossen zu halten. Zwanzig Jahre lang hatte ich keine Zeitung gelesen und wußte über Politik so viel wie über die heimlichen Phantasien des Papstes. Trotzdem hatte ich mitbekommen, daß milliardenteure unterirdische Bunker geplant waren und gebaut werden sollten, um nach einem atomaren Angriff Politikern und Akten Schutz zu gewähren. Das bedeutete, daß die Vereinigten Staaten die völlig verrückte Vorstellung hatten, sie könnten einen Atomkrieg gewinnen. Sie bereiteten sich auf einen vor ... und wir kriegen das, worauf wir uns vorbereiten! Mir war klar gewesen, daß es kein Utopia gab; jetzt wußte ich, daß man sich nirgends verstecken kann.

Als ich begann, rund um die Welt zu arbeiten, entwikkelte ich eine Art von planetarischem Patriotismus. Ich wußte, daß das Herumreisen kein Problem war, da meine

Familie und meine Freunde mich besuchen konnten und Charlie mich überall finden würde.

»Wer ist Charlie?« fragte mich eine Frau auf einem Workshop in Österreich, als wir durch einen Tannenwald spazierten.

Ich war sprachlos. Sprache ist linear, Charlie ist rund. Ich atmete tief ein und erinnerte mich – als wär's gestern gewesen – an das erste Mal, als ich Charlie traf.

Ich war damals elf Jahre alt. Meine dünnen, glatten Beine zitterten, als ich sie auf der kühlen Matratze des oberen Bettes im Schlafwagenabteil des Schnellzugs nach Texas ausstreckte. Ich kuschelte mich unter dem angenehm duftenden Laken zusammen. Der riesige Zug begann langsam anzufahren, dann schaukelte, wiegte und schüttelte er mich wie eine Himmelswiege. Vor und zurück, hin und her wiegte mich der Zug, ließ sein Pfeifen für mich ertönen, erregte mich mit seiner Geschwindigkeit. Ich entspannte mich und ließ mich durch das Schaukeln und Rütteln des Zuges einlullen. Ich schloß die Augen und ließ meine Hand auf meinem flaumigen Hügelchen liegen. Bald streichelte ich mich, verloren in den hypnotischen Rhythmus, in die Geräusche und angenehmen Gerüche. Ich rieb mich und schaukelte und bewegte mich im Rhythmus des riesigen, geschmeidigen, schnellen Zuges. Während die Räder kreischten, der Zug pfiff und vorwärtsschoß, rieb ich schneller und schneller, hinweggetragen vom Rhythmus des Universums. Ich fühlte mich geborgen und wußte: Der Himmel war auf Erden. Ich liebte das Leben. Ich ließ mich fallen. Als das Pfeifen des mächtigen Zuges meine Ohren durchdrang, schrie ich einen gewaltigen, stillen Schrei in mein Kissen: »O Gott! O Gott!« ... und Gott erschien.

Meine geringe Erfahrung und ungeübte Kreativität

reichten gerade aus, um mir Gott als kleinen Mann mit hellbrauner Haut, einem Bauch wie der Weihnachtsmann und Sternen in den Augen vorzustellen. Ich taufte ihn Charlie.

Auf die Frage meiner Freundin antwortete ich: »Charlie ist ein kleiner Mann mit einem dicken Bauch.«

Außer meiner Schwester konnte ich Charlie niemandem erklären. Ich versuchte, ihn meinen Eltern zu erklären, aber meine Mutter reagierte so besorgt, daß ich ihr schwören mußte, nie mehr an mir herumzuspielen; und mein Vater weigerte sich nicht nur, mir zuzuhören, er schaute mir danach nie mehr in die Augen.

Meine Intuition sowie meine Sexualität, mein freier Wille und mein eigenes Denken wurden in keiner Weise ermutigt. Die meisten von uns haben ihre Schwierigkeiten mit der Intuition. Weder Sexualität noch Intuition werden unterrichtet. Ich will mich ja nicht beschweren. Es ist nicht allzu lange her, daß große Männer mit kleinem Verstand intuitive Frauen »Hexen« nannten und verbrannten. Ich wurde nur ausgelacht: »Mach dich nicht lächerlich; die Leute werden denken, du spinnst.« Oder man drohte mir: »Wenn du uns noch mal so anlügst, dann kannst du was erleben.«

Ich erschreckte meine Eltern zu Tode mit Bemerkungen wie: »Oh, guck mal, da geht die grüne Frau.« Oder: »Da kommt ja der lila Junge.«

Zum Glück hatte ich meine Schwester. Durch sie lernte ich, daß »verrückt sein« herrlich ist und anzeigt, daß man sich auf dem richtigen Weg zu seinem Schicksal befindet. Auch sie sah Leute in Farbe. Sie war älter als ich, genug, um Muttersatz zu sein. Sie erfüllte mein Bedürfnis nach Fürsorge und Lebensfreude, und sie hatte ein Gefühl für das Übersinnliche. Wir konnten uns endlos unterhalten, ohne zu sprechen. Wir fühlten genau, wann es dem anderen gutging oder wann er in Schwierigkeiten steckte. Nachdem sie zu Hause ausgezogen war, schrieben wir uns Briefe und versuchten sie zu lesen, bevor wir den Umschlag öffneten. Die Entfernung rückte uns näher zusammen. Wir spielten »So wird's sein« statt »Tun als ob«. Wir sagten alles voraus: welches unserer Kinder als nächstes einen Zahn verlieren würde bis hin zu den Schäden eines zu erwartenden Wirbelsturmes. Meiner Schwester fühlte ich mich zugehörig. Sie unterstützte meinen Glauben, daß ich eines Tages einen Mann kennenlernen würde, der genauso verrückt war wie ich, und daß wir phantastisch zueinander passen würden.

Eine Zeitlang war sie meine einzige Stütze, mein Rettungsanker, an den ich mich mit aller Kraft klammerte.

Zu der Zeit starb sie. Ich hatte Charlie viele Jahre nicht gesehen. Normalerweise mußte ich mich in mich selbst versenken, damit Charlie erschien. Dann stand ich am Grab meiner Schwester mit ihren beiden Söhnen und ihrer Tochter, umgeben von Leuten, die ich nicht verstand, auch nicht verstehen wollte; überwältigt von Trauer bei dem Gedanken, daß ihre Kinder ohne sie aufwachsen mußten, und fragte mich, wie ich selbst ohne sie weiterleben sollte.

Da erschien Charlie: »Wenn die Not am größten ist, erscheint der Guru«, sagte Charlie sanft ... und auf diesen Gedanken projizierte ich alles, was ich hatte, was ich war und jemals zu sein hoffte. In diesem Moment wußte ich, ich würde meine Schwester wiedersehen.

Daß ich mich auf Charlie verlassen konnte, wurde mir erst klar, als ich in einer Pizzeria stand, meine Pizza zum Mitnehmen in der einen Hand, während ich mit der anderen versuchte zu zahlen, und plötzlich ein Mann hereinstürzte, mit einer Pistole herumfuchtelte und die Kasse verlangte. Ich stand einfach nur da, mit meiner Pizza in der einen und dem Geld in der anderen Hand, und sah gelassen zu, wie der Räuber wieder verschwand.

Vielleicht brauchte ich einen Führer wie Charlie, weil ich in einer Stadt aufgewachsen war, in der das Gras zubetoniert und die Blumen aus Plastik waren und in der man Szenen aus der Natur höchstens auf Wandgemälden in chinesischen Restaurants finden konnte. Ich war ein Kind der Technologie, nicht der Natur. Im Park bei meinem Haus gab es nur zwei Bäume; einer von ihnen bedurfte der intensivsten Pflege. Die Naturgeister von Wind, Wasser, Erde und Feuer waren mir so fremd wie einem peruanischen Schamanen die Pizza zum Mitnehmen.

Tiergeister waren meine Freunde. Als Kind folgten mir streunende Katzen und Hunde regelmäßig nach Hause, und im Zoo konnte ich mich mit den Tieren besser verständigen als mit den Menschen, die mich mitgenommen hatten. Jahrelang erfreute ich mich am Geist eines großen, stolz aussehenden Adlerweibchens, das immer noch auftaucht, wenn ich es brauche, und einer mächtigen, herrlichen Löwin, die so zahm wie ein Lämmchen ist.

Einmal hielten wir uns während eines Workshops alle bei den Händen und sangen: »Om ... Om ... Om.« Bei Vollmond und Sternenschein hatten wir uns zu einer Feuerzeremonie versammelt. Das Thema des Workshops war: »Fliege wie ein Adler.« Gerade als wir aufhören wollten zu singen, flog ein riesiger Vogel, der echter aussah als ein richtiger Adler, auf den nächsten Baum. Wir alle waren sprachlos. Wenn wir versuchen, das Übersinnliche zu erklären, hört es auf, übersinnlich zu sein und wird technologisch.

Während eines anderen Workshops fragte ich mich,

was ich mit einem sehr jungen, kräftigen »Bär« von einem Mann anfangen sollte, der etwas Angst vor meiner »Löwin« hatte (meine Löwin ist während meiner Arbeit immer bei mir). Ich fragte Charlie: »Was tut eine Löwin, damit ein Bär sich bei ihr wohl fühlt?« Ich drehte mich um und sah vor mir ein Wandgemälde, das eine Löwin zeigte ... die mit einem Bären tanzte. Ich drehte mich wieder der Gruppe zu, streckte die Arme aus ... und der junge Mann kam auf mich zu, wir umarmten uns ... und mit einem ausgelassenen, übermütigen Tanz begann eine lebenslange Freundschaft.

Jetzt stand ich in den österreichischen Alpen, eingerahmt von zwei Weißtannen, und keiner mußte mir sagen, daß diese Bäume starben. Ich brauchte sie nur anzusehen. Was mir fehlte, waren Vorschläge, wie man etwas dagegen tun konnte. Intuition ist mehr als das Wissen, was war oder was sein wird. Intuition bedeutet: Akzeptieren, was ist.

Während dieses Workshops in Österreich brachte eine Frau ihr sechs Jahre altes behindertes Kind mit. Sie erwartete ein Wunder ... Heilung für ihren Sohn. Sie lag, umgeben und unterstützt von der Gruppe, auf einer Matratze und schrie: »Warum ich? Warum ich? Warum ich?«, bis sich ihr Schreien verewigt hatte. Dann geschah das Wunder. Sie bekam die Antwort, und wir alle spürten es, als es passierte. Ihr wurde klar, daß es keine Antwort gab. Sie erfaßte die Wahrheit intuitiv und akzeptierte sie im selben Augenblick. Als sie als nächstes ihren Sohn umarmte, wünschte sie sich nicht mehr, er wäre anders, sie liebte ihn so, wie er war. Niemand mußte ihr sagen, daß ihr Sohn niemals normal sein würde, genausowenig wie man mir sagen mußte, daß ich während eines Orgasmus Gott nahekommen konnte.

Ich vertraute meiner Intuition und wußte genau, daß ich

niemals spiritueller oder friedvoller war als nach dem Liebesakt oder währenddessen. Ich wußte, daß es unmöglich war, nach einem überwältigenden Orgasmus aufzuspringen und sich schlecht zu fühlen; genauso unmöglich war es, hinauszurennen und fröhlich Bomben auf Menschen zu werfen, die man liebte. Mir war klar, daß der Spruch »Make love, not war« zu einem leblosen Dogma erstarrt war, bevor wir überhaupt herausgefunden hatten, wie wir ihn verwirklichen konnten. Zu lieben statt zu »kriegen« war doch sehr vernünftig.

Ich stellte mir vor, was passieren würde, wenn die Militärs das kapieren und ihre Spiele, Spielzeuge und Uniformen ändern würden: Dann würden Militärangehörige Boutiquen für Schlafzimmereinrichtungen groß aufziehen, und Captain Cox würde scharfe Schlafanzüge für sexy Soldaten entwerfen. Das Militär könnte der Welt ein Vorbild in hochmodischen Sexartikeln sein. Um den Wettkampfgeist zu befriedigen, würden sie sensationelle Internationale Militärische Olympische Spiele abhalten und sich mit so atemberaubenden Sportarten vergnügen wie: »Tiefflug, um die Leute zu Tode zu erschrecken, aber nicht tief genug, um jemanden zu verletzen.« Das Militär würde sich zu einer Eliteeinheit von fähigen Spezialisten entwickeln, die der Himmel geschickt hatte, um unserem darbenden Planeten auf liebevolle Weise Gesundheit und Ausgewogenheit zurückzugeben.

Es schien mir, daß das Militär, wie Politiker und ganz normale Leute überall, an verschlossenem Herzen, Langeweile und einem öden Sexualleben litt. Der Unterschied zwischen Zivilisten, die gewalttätig werden, weil sie gelangweilt und frustriert sind und nach Liebe hungern, und Staatsoberhäuptern, denen es genauso geht, liegt einzig darin, daß letzteren mehr Menschen ausgeliefert sind.

Ich hatte den Eindruck, daß funktionierende Beziehungen eine spirituelle Grundlage hatten und keine religiöse. Ich wußte auch, daß Spiritualität Sexualität nicht ausschloß. Die Art, wie Tantra und Tao Sexualität als etwas Spirituelles betrachten, sprach mich an. Als ich erfuhr, daß sie Wert darauf legten, daß der Mann die Frau völlig befriedigte, war ich sofort dabei. Ich wolle Expertin werden. Zum Glück wollte das auch mein Mann. Er blieb sogar bei der Stange, als er erfuhr, daß er seinen Orgasmus steuern mußte und nicht jedesmal, wenn wir miteinander schliefen, ejakulieren durfte.

Wir gingen die Sache in aller Ruhe an, besuchten jeden angebotenen Workshop, kauften alle Bücher zu diesem Thema und nahmen uns die Zeit, die wir eigentlich nicht hatten, um zu üben.

Mein erster Kurs in Tantra machte sich bezahlt. Ich hatte Jahre gebraucht, um meine Geschlechtsteile zu mögen, aber ich hatte immer noch Schwierigkeiten damit, wie ich sie nennen sollte. Jetzt hatte ich statt einer »Muschi« eine »Yoni«, ich konnte einen »Jadegarten« besitzen oder eine wunderschöne »Lotusblüte«, falls ich das vorzog. Sein »Schwanz« wurde ein »Lingam«, ein »Magisches Szepter«, ein »Heilender Stab« oder, wenn ich mich besonders dankbar fühlte, ein »Juwel«. Es törnte uns schon an, wenn wir nur »Om Mani Padme Hum«, das Juwel ist in der Lotusblüte, sangen.

Eines Nachts, in der Hitze der Leidenschaft, verdrehte er sich fast seinen »heiligen Stab«, als er versuchte, nicht zu kommen. Heiser wisperte er mit zusammengebissenen Zähnen: »Das klappt nie. Vorher bringt es mich um.«

Wir hielten uns zärtlich umfangen, er beruhigte sich, und ich flüsterte: »Hast du dir in letzter Zeit mal deine Haare angesehen?« Wir machten Pause ... ich hatte immer geglaubt, mit jemandem zu schlafen sei wie Zug fahren: War man auf dem richtigen Gleis, dann ging's ab. Er schaute in den Spiegel. Auf seiner kahlen Stelle sprießte es. Ein zarter Flaum bedeckte eine kleine, aber deutlich sichtbare Stelle auf seinem Kopf. Wir sprangen ins Bett zurück und machten weiter. Anstatt die ganze Sache mit dem gesteuerten Samenerguß aufzugeben, war er jetzt erst recht ein glühender Verfechter des »Tao des Liebens« ... und mehr denn je bestrebt, diese Kunst zu meistern.

Was wir ausprobierten, klappte hervorragend. Er hatte angefangen, seine Orgasmen zurückzuhalten, und kam nicht öfter, als das Tao es empfahl. Natürlich mußte er mit seiner Samenflüssigkeit irgendwo hin; sie ging geradewegs in seinen Kopf, und sein Haar wuchs! Darüber hinaus war er in der Lage, wann immer er wollte, mit mir zu schlafen – sozusagen als Belohnung für die gemachten Hausaufgaben. Was ihn jedoch vor allem unermüdlich üben ließ, war die Aussicht, daß er in der Lage sein würde, Orgasmen ohne Samenerguß zu haben. Nie werde ich seinen ersten Erfolg vergessen. Wir feierten ihn in einem Schaumbad (ich hatte immer geglaubt, Männer haßten Bäder) und tauften seinen Lingam liebevoll »Langzeitsonne«.

Je mehr ich mich auf meine Intuition verließ, desto mehr veränderten sich meine Glaubenssätze. Ich hatte immer gedacht, ich müsse in Stimmung sein, um mit jemandem zu schlafen. Als mein Mann vorschlug, wir sollten uns angewöhnen, uns täglich zu lieben, war ich entsetzt. Man benötigt vierzig Tage, um etwas zu einer Gewohnheit zu machen, und ich war daran gewöhnt, mich in Stimmung zu fühlen, wenn die Umstände stimmten: wenn ich nicht zu müde war, zu nachdenklich, zu abgelenkt durch andere Dinge; wenn ich nicht zu besorgt war, weil ich am nächsten Morgen früh aufstehen mußte; wenn ich nicht zu vollgestopft oder kurz vor meiner Periode war, oder sie gerade hatte; wenn ich mich nicht zu sehr aufgebläht fühlte oder gerade Zwiebeln gegessen hatte. »O. k., ich versuch's«, sagte ich halbherzig und hoffte, er würde seinen Plan vergessen.

Drei Jahre später war gemeinsames Lieben (allerdings nicht immer sexueller Art) zu einer spirituellen Gewohnheit geworden, die nicht nur immer intensiver wurde, sondern die unsere Stimmung hoch und unser Gewicht niedrig hielt. Anstatt uns mit täglichen Übungen zu plagen, übten wir tägliches Beisammensein. Fragen wie: »Will er? Ist es nicht zu spät? Bin ich in Stimmung? Haben wir nicht schon letzte Nacht . . .? Will ich?« stellten sich nicht mehr.

Als Belohnung für all die Jahre, in denen wir Kundalini-Yoga praktiziert hatten, erreichten wir im Roten Tantra-Kurs sofort das Klassenziel. Weißes Tantra hatte uns gelehrt, unsere sexuellen Energien zu lenken, und nun brauchten wir sie nur noch direkt ins Bett zu lenken. Einige Yoga-Übungen machten mehr Spaß, wenn wir sie gemeinsam machten, einige bekamen wirklich spirituellen Charakter: Ein Weg zu Gott eröffnete sich oft, wenn er meinen Jadegarten pflegte und die Frucht meines Leibes genoß.

Wenn man seinen Körper kontrollieren kann, ist Älterwerden angenehm, denn es bedeutet, daß man besser wird.

Ich hatte immer geglaubt, daß ich zu lange brauchte, um erregt zu werden. Jetzt wußte ich, daß Frauen dazu länger brauchen als Männer, und es war richtig, Wege der Harmonie zu erkunden, so daß er nicht schon »überkochte«, während er darauf wartete, daß ich »auftaute«. Wir beide wußten um die heilende Kraft der Berührung, und wir gebrauchten diese Kraft, um einander zu entspannen, um dem anderen zu helfen, Streß abzubauen und Geräusche und aufgestaute Gefühle loszuwerden. Wir massierten uns, machten Partnerübungen in Yoga und entdeckten, daß wir perfekte Harmonie erreichen konnten, wenn wir bewußt die vielen verschiedenen Arten, uns zu berühren, ausprobierten.

Wir übten, in Harmonie zu singen, und summten sogar denselben Ton in den Mund des anderen. Auf diese Weise entdeckte ich die Kunst des Küssens. Ich hatte Küssen immer gemocht, hatte aber nie gedacht, daß es eine große Sache sei. Jetzt probierten wir alles aus: vom Austausch winziger Weinschlückchen beim Küssen bis zum Saugen an der erogenen Zone im Zentrum meiner Oberlippe, um meine Klitoris zu stimulieren. Ich werde nie begreifen, wie ich mein halbes Leben verbringen konnte, ohne diese Stelle zu kennen. Ich nahm Küssen nicht mehr als selbstverständlich hin, sondern kostete es voll aus.

Ich erkannte, wie Harmonie auf mehr als nur eine Art heilen kann. Indem wir unsere Stellungen aufeinander abstimmten, unsere Rhythmen, unsere Töne und sogar unsere Körpersäfte, brachten wir unsere Harmonie ins Gleichgewicht und konnten sogar eine Erkältung kurieren. Ich konnte mir nur schwer vorstellen, wie ich diese Methode meiner Schwiegermutter erklären sollte, wenn sie sich am Telefon über eine Erkältung beklagte. »Leg dich einfach auf die rechte Seite und laß Vater heute nacht 108mal in dich eindringen; du wirst dich morgen garantiert besser fühlen.«

Wir schwelgten in unseren Entdeckungen. Langsam erregten und reizten wir uns mit Versprechungen, Zärtlichkeiten und Phantasien. Wir stellten uns alles mögliche vor: daß er es mit etlichen süßen Dingern mit runtergerutschten Söckchen und Schleifen in den Zöpfen trieb oder daß ich mit seidenen Fesseln ans Bett gebunden und nacheinander von zwanzig Männern genommen wurde, während er mit sich selbst spielte ... und natürlich zuschaute.

Als wir anfingen, mit Bewußtsein zu phantasieren, konnten wir die Dauer der Ekstase verlängern. Meine Fähigkeit zu genießen erhöhte sich beträchtlich, aber ich nahm mir immer noch die Freiheit, mich ablenken und inspirieren zu lassen und mittendrin aufzuspringen und ein Gedicht zu schreiben. Durch eine Reihe ekstatischer Höhenflüge begannen wir im Geist Visionen zu sehen, sie mit dem Herzen zu fühlen und sie sogar gleichzeitig zu träumen. Yoga hatte jeden von uns vorbereitet auf das, was wir jetzt erlebten.

Wir stellten uns vor, die Welt sei frei und voller Liebe. Jeden Tag würden überall Menschen eine Minute in Frieden verbringen, und als Folge würde Friede auf der Welt sein. Wir stellten uns vor, daß die Reichen und Berühmten Frieden forderten, denn die Reichen und Berühmten bekommen meistens das, was sie wollen.

Während eines Tantra-Workshops machten wir uns mit dem G-Punkt vertraut, dieser magischen Kraftquelle, die im Jadegarten liegt. Das Wetter war heiß und schwül, und die Sonnenstrahlen fielen in unser kleines, privates, mit Blumen geschmücktes Zimmer. Ich lag auf dem Rücken, nackt auf drei flauschige Kissen gebettet. Mein lieber Mann kniete in bequemer Haltung vor mir. Wir schauten uns in die Augen und berührten uns schweigend. Wir sollten während der Übung versuchen, uns nicht sexuell zu stimulieren, sondern uns darauf zu konzentrieren, bewußt mit dem anderen zusammen alles zu erleben, was vorging.

Er massierte erst die Innenseite meiner Schenkel. Zärtlich und doch fest lockerte er sie und half mir, Streß abzubauen. Er ließ die Liebe seines Herzens über seine Hände aus sich herausfließen, und so fühlte ich mich mit jeder

Berührung sicherer, wärmer und bereiter. Unsere Blicke hielten einander so fest, als ob unsere Augen eins wären, und ich fragte mich, ob es weh tun würde, wenn wir die Blicke voneinander lösten. Er blickte mir weiter in die Augen und begann dann, langsam seinen Mittel- und Zeigefinger in mich einzuführen. Meine Beine öffneten sich gerade weit genug, um ihm Zugang zu meinem Inneren zu gestatten.

Er blickte mir weiter in die Augen und fühlte mit meinem Innern, bis er den G-Punkt mit seinen Fingern fand. Mit seiner anderen Hand drückte er fest auf meinen Unterleib. Als er den G-Punkt massierte, fühlte ich ein leicht unangenehmes Gefühl, so als ob ich pinkeln müßte ... dann verging es. Ich sagte ihm, wie es sich anfühlte (so wie wir erwartet hatten), und er blieb in mir und bewegte seine Finger geschickt, sanft, unablässig.

Tiefer und tiefer versank ich in seine Augen, bis ich jenseits der Sterne war. Ich fing an, Bilder zu sehen von vergangenen Leben, von vergangenen Lieben.

Ich war ein kleines Mädchen; ein wildes, freches, trauriges, kleines Mädchen. Ich war einsam, allein, abgeschnitten von meinem Ursprung, getrennt von meiner echten Mutter.

Ich sah mich rückwärts durch Raum und Zeit purzeln; ich wirbelte herum und kämpfte, um mich an der silbernen Schnur festzuhalten, die mich mit den Sternen verband.

»Wer bin ich? Woher komme ich, und wohin wage ich zu gehen? Ich bin ein Kind des Zufalls, durch die Gier all jener, die lügen, herausgelöst aus der Haut, die mich retten könnte.« Ich hörte mich flüstern: »Keine Lügen mehr! Bitte, bitte hört mit diesen endlosen Lügen auf, deren Wispern überall zu hören ist. Jetzt ... Ich will mehr vom

Jetzt! Jetzt fühle ich die Wahrheit. Jetzt ... ich will mehr vom Jetzt.«

»Jetzt, in diesem Augenblick«, dachte ich, »nehme ich mich selbst an ... und jetzt, hier, nehme ich diesen Mann an, der meiner Seele so nahe gekommen ist ... er ist mit ihr eins geworden.«

Ich atmete, öffnete mich noch mehr, vertraute. Ich gehörte dieser Zwillingsseele an, die wußte, wie man die Quelle der Schöpfung erreichte. Dann begann die Hitze mein Rückgrat hinaufzusteigen. Hitzewellen überfluteten mich, und ich fing an zu zittern.

Er nahm die Hand von meinem Bauch und bedeckte meine Brust mit einem Tuch. »Atme«, ermutigte er mich, »bleib dran.«

Ich atmete, öffnete mich weiter, sah tiefer. Ich war eine Hexe, eine intuitive Frau, die wußte, was Wahrheit ist ... und nach ihr strebte. Ich war eine Hexe, die wußte, daß wir gemeinsam unseren Weg zu neuen Vorstellungen lieben müssen. »Liebe eine Hexe«, sagte ich spielerisch. »Was kannst du dabei verlieren?«

Er lächelte breit. »Hexen zaubern durch ihren heiligen Willen das, was sie wollen, herbei und manifestieren, was sie für richtig halten.«

»Ich will für meine Kinder einen Platz schaffen, an dem sie sicher leben können. Ich will helfen, eine Welt zu schaffen, die den Menschen Sicherheit zum Überleben bietet«, sagte ich, ohne nachzudenken.

»Nur zu, ihr Hitzewellen«, dachte ich. »Ich bin hier bei meinem geliebten Mann, bei meinen Schwestern und Brüdern in Sicherheit. Glaube gehört zur Vergangenheit ... Hoffnung zur Zukunft. Wir Hexen kennen keinen Glauben und keine Hoffnung ... Wir lassen die Dinge sich ereignen.«

Er streichelte und liebkoste meine heilige Stelle, und ich war eine wilde, wunderbare, verrückte Frau ... die Tochter meines Vaters? Vielleicht die Tochter von tausend leuchtenden Sternen ... der Sterne, die verrückte Frauen mit breitrandigen Hüten, zu hohen Schuhen und knallroten Nägeln tragen. Ich war eine jener verrückten Frauen, unter deren Make-up noch immer die Shakti lebt, die mächtige weibliche Kraft, die das Gesicht der Erde verändern kann ... deren Yoni das Tor zu Vergangenheit und Zukunft ist, eine Zuflucht für inkarnierende Seelen, ein Ort himmlischen Vergnügens, eine süß riechende, wunderschöne Blume voller Duft und Nektar, die es wert ist, angebetet und geküßt zu werden.

Ich öffnete mich weiter, entspannte mich noch mehr, atmete ... ich ließ die Hitze aufsteigen und die Tränen fallen. Ich sah auch seine Tränen.

Er war ein kleiner Junge, verloren zwischen Bäumen und Traktoren, der seine Furcht in die Nacht hinausschrie und nur die Gedichte seiner Mutter zum Trost hatte. Er war ein Magier, ein Zauberer, der graue, leere Versprechen in diamanten funkelnde Worte verwandelte. Er war ein heiliger Mann: ein normaler Mann, der seine Versprechen hielt. Er war ein Heiliger, ein wahrer Heiliger, der die Schmerzen dieses Planeten an seine Brust nahm und sie in edler Absicht linderte.

Dann dankte ich den Sternen für all die kleinen Mädchen, Hexen und verrückten Frauen ... und für all die kleinen Jungen, Zauberer und Heiligen. Niemand mußte mir sagen, daß ich eine Göttin bin ... ich wußte es! Eine Göttin ist eine ganz normale Frau, die geliebt wird. Eine Göttin ist eine ganz normale Frau, die ihre Seele gefunden hat.

Als er seine Hand zurückzog, umarmten wir uns und

schluchzten gemeinsam. ich fühlte mich so herrlich ... so überwältigend, sensationell heilig ... wie eine so umwerfende Göttin, daß ich aus dem Zimmer hätte laufen können und schreien: »Schaut mich an! Seht, was ich hier zwischen den Beinen habe! Ist das nicht umwerfend?«

Zum Glück tat ich es nicht. Statt dessen umarmten wir uns und lachten und feierten das Privileg, daß wir uns so tief kannten ... so ganz ohne Angst.

Nach diesem Erlebnis sah ich alle Frauen in einem anderen Licht ... und auch alle Männer. Jetzt wußte ich, daß die Menschen vollkommen sind: Es ist die Welt, die verrückt ist.

Das siebente Chakra

Die violette Krone

Sitz: Scheitelzentrum

Klang: *Soham*

Farbe: Violett

Element: –

Funktion: Verbindung zum Kosmos

Sinneswahrnehmung: –

Zusammenhänge: Im *physiologischen* Bereich können Kopfschmerzen, Schlaflosigkeit, Hitzewallungen und Kälteschauer, Verfärbungen und Anschwellen der Chakra-Bereiche, Lichtempfindlichkeit, Brust- und Rückenschmerzen, Schwindelgefühle, Unlust auf Sex oder Nahrung beziehungsweise allgemeine Unlust auftreten. Bei ausgeglichenen Körperfunktionen kann man sein Leben trotz der obenerwähnten Probleme weiterführen.

Im *emotionalen* und *Verhaltensbereich* hängt dieses Chakra mit Losgelöstheit und Seligkeit zusammen. Die Auseinandersetzung mit dem Ego nimmt weniger Zeit in Anspruch, und egoistische Wünsche reduzieren sich.

Spirituelle Anliegen betreffen das Einssein mit dem göttlichen Licht, mit der kosmischen Intelligenz, mit dem Absoluten ... schließen oft selbstloses Dienen ein.

Fragen: Wer bin ich nicht? Wenn ich ich bin, wer bist du?

Möchte ich ein Stadium erreichen, wo ich nicht mehr wütend werde, nicht mehr urteile und mich nicht mehr anmachen lasse? Wünsche ich mir, frei von Wünschen, Leidenschaft und Verantwortung zu sein? Würde es mir Freude bereiten, Kinder nicht zu beachten, Vögel nicht mehr zu füttern und nie mehr zu streiten? Würde es mir Spaß machen, nicht mehr zu tanzen und zu singen und mich von den Klängen dieser Welt zurückzuziehen? Was ist der Unterschied zwischen erleuchtet und tot? Warum bin ich hier? Lohnt es sich, hier zu bleiben? Welche Gestalt werde ich im nächsten Leben annehmen?

Siebter Vers

Über die Erleuchtung

Einst nahm ich die metaphysischen Märchen der Religion für bare Münze. Ich ließ mich durch sie dazu verführen, erforschen zu wollen, was man durch Erleuchtung erreichen kann. Der Zustand der Erleuchtung wurde so ungenau wie nur möglich beschrieben und schien ausschließlich Männern vorbehalten zu sein. Trotz allem ... ich sehnte mich nach Freiheit. Ich strebte nach kosmischem Bewußtsein, Losgelöstheit und Seligkeit.

Ich wurde stutzig, als Erleuchtung eher nach Tod als nach Erwachen klang. Sie war jenseits von »Annehmen, sich zugehörig fühlen und dazu stehen« ... oberhalb von Dankbarkeit, Liebe, Zuwendung, Vergebung, Zusammenleben und Zusammenarbeiten. Nach vielen Leben voller Leiden, Hungern, sexueller Entbehrungen und nach dem Vollbringen solcher Meisterleistungen wie Seilspringen, ohne den Boden zu berühren, mit dem Lohn der Egolosigkeit, blieb niemand übrig, um den Sieg zu feiern. Das war so, als würde man einem Häftling als Belohnung für gute Führung den elektrischen Stuhl versprechen.

Als ich aufhörte zu knien, mich erhob und mit untergeschlagenen Beinen statt meines Geldes meine Atemzüge zu zählen begann, erfuhr ich Momente der Transzendenz. Solche Sternstunden gab es vor allem, wenn ich mich in die überwältigende Tiefe der Natur versenkte, wenn ich dem Tode nahe war, wenn ich bewußtseinsverändernde Sakramente empfangen hatte oder wenn ich mich der Ekstase der Liebe hingab und die Dualität von Fleisch und Geist transzendieren konnte.

Es gibt so viele Definitionen des Zustandes der Erleuchtung, des kosmischen Bewußtseins, der Befreiung und des Erwachens, wie es Wege gibt, dorthin zu gelangen.

Für mich bedeutet kosmisches Bewußtsein, sich mit dem Leben eins zu fühlen und selbstlos und moralisch zu handeln.

Befreiung ist die Freiheit, zwischen aushalten, ändern und dankbar sein wählen zu können. Es bedeutet, die Freiheit zu haben, diesen Planeten und die Menschen, die auf ihm leben, zu schützen und vor Vernichtung zu bewahren.

Erwachen heißt, die Gegenwart voll bewußt zu erleben. Es bedeutet, nichts zu verleugnen, sondern das anzunehmen, was ist, und es bedeutet auch zu wissen, statt zu glauben.

Erleuchtung heißt, im Licht der Wahrheit zu leben. Es bedeutet aber nicht, alles zu wissen. Für mich ist Erleuchtung die Erkenntnis, daß wir zwei Möglichkeiten haben: aufzuleuchten, wenn wir uns selbst zerstören, oder aufzuleuchten, wenn wir die Sterne in den Augen des anderen sehen.

Diese Wahl ist unser Schicksal.

VII. Verbindung zum Kosmos

Ich war eine ganz normale, kosmisch-gesetzesfürchtige Göttin und sehnte mich nach viel Liebe, danach, richtig lachen zu können und nach ein wenig Frieden. Ich hatte Wege gefunden, um mich besser, sicherer und glücklicher zu fühlen, aber frei und liebend zu sein, war zu einem Vierundzwanzig-Stunden-Job geworden.

Während der Workshops, allein in der Natur oder in der Liebe konnte ich frei und liebend sein. Es war völlig natürlich. In der Welt der Einkaufszentren, der Autowerkstätten und des Feierabendverkehrs war es schon nicht mehr so leicht. Normalerweise sind die Leute es nicht gewöhnt, daß man sie umarmt, bevor man sich bekannt gemacht hat.

Ich beschloß, frei zu handeln, auch wenn ich mich in etwa so frei fühlte wie eine Fliege, die versucht, sich schwimmend aus einem Teller Hühnersuppe zu retten. Ich wußte, daß es leichter war, über mein Handeln zu einer neuen Art von Fühlen zu kommen, als über mein Fühlen zu einer neuen Art von Handeln. Ich handelte frei. Ich gab alles, was ich besaß, weg, um nicht von Versicherungsgesellschaften »besessen« zu werden. Ich gewöhnte mir ab, das Telefon abzunehmen, bloß weil es klingelte. Ich bestellte meine Pizza und den Käse getrennt dazu. Mein Haar trug ich als Löwenmähne und zog bequeme Kleidung an. Ich sagte mir, ich sei frei. Ich begann, weniger zu reden und verbrachte wöchentlich mehrere Stunden schweigend. Ich hörte auf, so zu leben, wie es andere von mir erwarteten. Ich fing an, die Wahrheit zu sagen. Ich tat nichts, um mehr Geld zu verdienen, als ich bereits hatte, da ich wußte, daß materieller Erfolg höchstens dazu führt, daß meine Statue irgendwo in einem Park mit Taubenscheiße auf der Nase rumsteht. Ich begriff, daß frei sein bedeutet, daß man wirklich nichts mehr zu verlieren hat. Ich wußte, daß mich niemand zwingen konnte, jede Frage, die man mir stellte, zu beantworten ... Genau zu dieser Zeit wurde ich festgenommen.

Glücklicherweise wußte ich jedesmal, wenn ich mich eigentlich schuldig hätte fühlen sollen, daß man nur versuchte, mir Schuldgefühle einzuimpfen, denn ich tat nichts, weswegen ich mich schuldig fühlen mußte. Die Einzelheiten dieser Festnahme sind ebenso unwichtig wie die Tatsache, daß die Anklage gegen mich fallengelassen wurde. Durch die vierundzwanzig Stunden Aufenthalt in einer winzigen, kalten Zelle bekam ich eine völlig neue Einstellung zum Begriff Freiheit. Als ich entlassen wurde, handelte ich nicht nur frei ... ich fühlte mich frei. Ich weiß, daß ich frei bin, wenn ich mich frei fühle. Wie hatte ich vorher etwas anstreben können, was ich nie richtig begriffen hatte.

Mein Lebenspartner und ich feierten die Tatsache, daß die Guten doch immer siegen, mit einer Tantrazeremonie. Rituale waren für uns ein Weg geworden, unsere innere Welt zu erfahren.

Wir sahen schweigend und dankbar dem Sonnenaufgang zu. Dann machten wir entspannt und spielerisch ein bißchen Yoga und dehnten unsere Körper, um die Müdigkeit zu vertreiben und neue Kraft zu schöpfen. Danach machten wir uns auf die Suche nach ein paar erschwinglichen Blumen, neuen weißen Kerzen und Räucherstäbchen von betörendem Duft. Wir kauften Nüsse und Beeren ein, besonderen Käse und einen seltenen Wein. Dann organisierten wir uns ein Baguette und frische Äpfel.

Während wir in der Schlage anstanden, um die Äpfel zu bezahlen, zupfte mich etwas ungeduldig am Hosenbein. Ich bückte mich und blickte geradewegs in die sternklaren, leuchtenden Augen eines engelgleichen kleinen Mädchens, das wie aus dem Nichts aufgetaucht war.

»Du hast Sterne in den Augen«, sagte es lächelnd.

»Du aber auch«, antwortete ich und brachte kaum die Worte über die Lippen. Das Gesicht der Kleinen sah ganz genauso aus wie das Gesicht des kahlköpfigen Mädchens, das ich in Peru gesehen hatte.

In diesem Moment tauchte die Mutter der Kleinen auf, schnappte sie und nahm sie auf den Arm. Bevor die beiden gehen konnten, beugte das Kind sich zu mir herüber und gab mir einen Kuß auf die Wange.

»Dankeschön«, sagte ich nervös. Das Gesicht des Kindes und seine Worte hatten mich völlig verwirrt. »Möchtest du mir noch etwas sagen?«

»Oh«, antwortete ihre Mutter rasch, »sie hat noch gar nicht angefangen zu sprechen.«

Ich war überzeugt davon, daß es keine Zufälle gibt und daß jedes Ereignis und jedes Zusammentreffen eine Botschaft von irgendwoher enthält, ich wußte bloß nicht von wo. Erst nach Stunden hatte ich mich von dem Schock erholt.

Zu Hause, zu Beginn unserer Zeremonie, schlug mein Liebster vor, unter einem Wasserfall zu baden. Gesagt, getan. Wir planschten, spritzten und meditierten, bis die Dusche kalt wurde. Danach begannen wir, uns gegenseitig mit der Zunge das Wasser abzulecken, bis es uns zu kalt wurde. Wir hüllten uns in unser riesiges Badetuch ein und gingen ins Zimmer.

Dort sah es aus wie in einem Tempel. Der Altar war mit fröhlichen gelben Blumen und hell flackernden Kerzen geschmückt, die die Fotos unserer Lieben beleuchteten. Eine einzelne, langstielige Rose, mein Symbol für »Schutz«, erinnerte uns, daß wir die mystische Einheit mit dem Kosmos erleben konnten, wenn wir Liebe für unsere Mitmenschen empfanden.

Wir standen nackt vor dem Altar und schauten uns in die Augen. Dann nahmen wir einen bequemen Tantrasitz ein und schauten uns wieder lange und tief in die Augen. Nach und nach stimmten wir unseren Atem aufeinander ab. Er atmete ein, und ich atmete aus.

Es war wie ein gleichzeitiges Geben und Nehmen.

Er begann, mein Haar zu streicheln und stand plötzlich spontan auf, um Sandelholzöl vom Altar zu holen. Mit sinnlichen Bewegungen massierte er das Öl in mein Haar und meine Kopfhaut ein. Ich fühlte mich umhegt und geliebt. Er bürstete mein Haar, so wie ich es als Kind gern gehabt hätte ... ohne daß es weh tat; es war nur sehr, sehr angenehm. Ich saß ganz still und genoß bei jedem Bürstenstrich das Gefühl von Liebe.

Später massierte ich sein Haar, seine Kopfhaut und seinen Nacken mit dem Öl. Ich massierte spielerisch auf dem Kopf herum, so wie ich es bei meinen Kindern getan hatte und so, wie es sich am besten anfühlte, wenn ich mir den Kopf waschen ließ ... zuerst ganz zart, dann kreisförmig, dann fester und schneller und zum Schluß wieder langsam. Vor lauter Genuß nahmen seine Augen einen entrückten, träumerischen Ausdruck an.

Wir setzten uns wieder im Tantrasitz hin und preßten unsere rechte Hand auf das Herzzentrum des anderen. Dann begannen wir, mit vibrierender Stimme so zu singen, daß unsere Chakras geöffnet und in Harmonie gebracht wurden. Wir sangen so lange, bis wir völlig im Gleichklang miteinander vibrierten.

Dann nahm er meine Hände, preßte sie auf sein Herz und liebkoste meine Finger, indem er an jedem Finger einzeln mit den Zähnen entlangfuhr und an ihm saugte. Ich ließ mich entspannt auf das Schaffell sinken und lag voller Vorfreude und Erwartung da. Er küßte aufs zärtlichste meine Augen. Seine Lippen spielten mit meinen Wimpern, und seine Zunge sagte meinen Augenlidern, daß sie sie liebte. Dann küßte er meine kalte Nase. Ich lächelte, und er küßte meine feuchten Zähne.

»Du bist wie ein Festbankett; ein Festbankett voller

himmlischer Leckerbissen und köstlicher Genüsse«, sagte er. Ich spielte die Ohnmächtige, und er fuhr fort: »Wenn ich dich sehe und schmecke, läuft mir das Wasser im Mund zusammen.« Seine liebevollen Worte flossen in mich hinein wie Honig.

Er drehte mich auf den Bauch und begann, mein Rückgrat abwechselnd zu massieren und mit der Zunge zu liebkosen. Er massierte es, saugte, leckte, massierte und saugte wieder . . . Er hauchte mir seinen Atem tief in die Ohren und löste in meinem schon sensibilisierten Rückgrat Schauer des Entzückens aus.

Mein Nacken wurde zum Zentrum seines Universums. Er saugte, küßte und biß, er spielte herum und flüsterte kaum hörbare, verliebte kleine Laute, die durch meinen Nacken hindurch mein ganzes Wesen durchdrangen.

»Ohhhhh . . . ohhhhh«, sagte ich.

Dann drehte ich mich um und schaute direkt in seine endlos tiefen Augen. Er spreizte meine Beine, als ob sie ihm gehörten, und ich gab mich völlig hin, denn sie gehörten wirklich nur ihm. Er streichelte die Innenseite meiner Schenkel, erst mit seinen warmen Händen und dann mit seinem Gesicht. Er rollte seinen Kopf zwischen meinen Schenkeln und liebkoste sie mit seinen Wangen, seiner Nase, seinem Mund, seinem Bart und seiner Zunge. Dann legte er sich auf den Rücken und zog mich auf sich. Ich umklammerte seine Zehen mit meinen und hielt sie fest. Ich drehte und wand mich und veränderte meine Position immer wieder, um seinen geschmeidigen, wunderbaren Körper so intensiv wie möglich zu spüren. Unsere Bäuche liebkosten einander.

O du fließendes, seidiges, feingewebtes Netz aus magischen Fäden der Zweisamkeit . . . o ihr dummen, süßen, spielerischen, unschuldigen Momente des Entzückens.

Ich konnte nicht anders, als nach seinem Lingam zu greifen; er sah so schön aus, so verheißungsvoll. Ich umfaßte seine Hoden mit einer Hand und begann, seinen Phallus der Länge nach zu lecken. Bevor ich mich jedoch allzusehr in diese Beschäftigung vertiefen konnte, sagte er weich: »Steh auf, meine Göttin.«

Plötzlich stand ich nackt und lächelnd vor dem Altar und kam mir ziemlich dumm vor.

»Ich möchte dich verehren und unserer beider Geist heiligen«, sagte er ernst.

Um nicht in Kichern auszubrechen, hüstelte ich und schloß die Augen, damit er meine Verlegenheit nicht bemerkte.

Das nächste, woran ich mich erinnere, ist, daß er vor mir stand und aussah wie ein dünner Nikolaus mit grauem Bart und Sternen in den Augen. Er schmückte mich mit einem herrlich fließenden Gurt aus Türkissteinen, den ich nie zuvor gesehen hatte. Er umgürtete meine Hüften und betonte in aufreizender Weise meine Yoni.

»Donnerwetter«, sagte ich spontan. Dann kam ich mir so linkisch vor, daß ich es übertrieb und hinzufügte: »Welch wunderschönes Geschenk zu solch feierlichem Anlaß.« Da stand ich: groß, stolz und überglücklich.

Dann kniete er vor mir nieder. Er schaute auf und sah mir in die Augen, senkte dann den Blick auf meine Füße und begann, die Worte zu wiederholen, die wir als Ritual gelernt hatten.

»Gesegnet seien deine Füße, die dich auf diesen Weg gebracht haben.« Damit küßte er meine Füße.

Dann küßte er meine Knie und sagte: »Gesegnet seien deine Knie, mit denen du vor dem niederkniest, was dir heilig ist.« Ich holte Luft und hörte weiter zu.

»Gesegnet sei dein Schoß, ohne den wir nicht wären«,

und er küßte meine Yoni so zart, als wäre sie ein Babymund.

»Gesegnet seien deine Brüste, in all ihrer Kraft und Schönheit.«

»O Gott«, dachte ich, »jetzt kann ich es richtig fühlen.«

Zum Schluß küßte er meine Lippen und sagte: »Gesegnet seien deine Lippen, die von Wahrheit, Vertrauen und Liebe sprechen mögen.«

Als ich dann den Platz tauschen und das Ritual bei ihm wiederholen wollte, hielt er mich zurück.

»Ich möchte es noch einmal sprechen«, flüsterte er, »jetzt aber auf meine Art.«

Er kniete erneut nieder. Ich stand da und sah mit meinem neuen exotischen Schmuck so heilig wie eine Göttin aus. Er führte meinen rechten Fuß an seinen Mund und begann, langsam am meinem großen Zeh zu saugen. Glücklicherweise konnte ich genausogut auf einem Bein stehen wie auf zweien.

»Ich segne deine Füße und diesen krummen Zeh«, sagte er, »ich segne sie von ganzem Herzen, denn sie gehen auf dem Pfad allumfassenden Verständnisses und Liebe.«

Ich seufzte tief und fand es wunderbar.

»Ich küsse diese Knie«, sagte er lächelnd, »Auch wenn du findest, daß sie zu dick sind und komisch aussehen; sie sind kraftvoll und stolz und beugen sich nur der Wahrheit, die manchmal zum Glück auch meinen Lingam miteinschließt.«

Ich fühlte mich wirklich toll.

Er gab mir zehn flüchtige Ich-liebe-dich-Küsse auf das Schambein und sagte: »Gesegnet sei diese heiligste aller Gaben, dieser Hafen, diese Heimat, in der ich immer und immer wieder grenzenloses Entzücken und unendliche Seligkeit finde.«

Mein ganzer Körper fing an zu lächeln.

Dann begann er meine Brüste zu küssen und sagte: »Gesegnet seien diese wundervollen Brüste, an denen ich mich sicher und wohlbehalten fühle, wenn ich an ihnen sauge, und geliebt und behütet, wenn ich an ihnen ruhe, und die mich erregen, wenn sie sich plötzlich unter einer dünnen Seidenbluse abzeichnen.«

Ich fing an zu lachen ... er auch. Er küßte meine Lippen und murmelte: »Ich liebe diesen Mund, und ich möchte ihn küssen und die süße Wahrheit auflecken und aufsaugen, die aus ihm strömt, wenn du ihn öffnest, und die uns beide erfüllt.« Er küßte meinen Mund noch einmal, sah mir dann in die Augen und sagte: »Wenn ich mich in deinen sternklaren Augen erblicke, liebe ich, was ich sehe.«

Wir hielten uns in den Armen, und unsere Nacktheit fühlte sich wie ein Pelzmantel an. Dann sanken wir auf das Schaffell nieder und räkelten uns dort in selbstvergessener, ungezügelter Hingabe.

In diesem Moment klingelte es an der Tür.

»Steh nicht auf«, sagte er gutmütig, »sonst wirst du nie erfahren, welche Höhepunkte nicht zu übertreffender Glückseligkeit du versäumt hast.«

»Ich muß meiner Intuition trauen«, sagte ich und zog mich an. Insgeheim dachte ich, daß ich zwar frei genug war, um das Telefon klingeln zu lassen, aber nicht frei genug, um die Türklingel zu ignorieren.

Vor der Tür stand der Mann, der das Haus meiner Eltern gemietet hatte.

»Ich habe auf dem Dachboden diese Schachtel mit Briefen gefunden und dachte, daß sie wichtig genug aussieht, um sie persönlich abzugeben«, sagte er.

Er hatte recht. Die Schachtel enthielt Briefe von Leonore ... meiner Schwester.

Mit der Schuhschachtel in der Hand wanderte ich zurück in unser in ein Heiligtum verwandeltes Schlafzimmer, stellte sie auf den Boden und betrachtete sie ehrfürchtig.

Da lagen sie, die Briefe mit den Vorahnungen, Versprechen und Gedichten, von denen ich zwar gewußt hatte, daß sie existierten, die ich aber nie zu Gesicht bekommen hatte. Die verwitterten, beinah verblichenen Seiten waren vollgeschrieben mit persönlichen Voraussagen und magischen Botschaften.

Ich war so glücklich, sie endlich gefunden zu haben, daß ich meiner Mutter noch nicht einmal böse war, daß sie sie mehr als fünfundzwanzig Jahre lang versteckt gehalten hatte. Ich lehnte mich an meinen Geliebten, und er hielt und stützte mich, als ich den ersten Umschlag öffnete.

An meine Schwester mit den Sternen in den Augen.

Einmal, vor langer, langer Zeit, wurde eine Göttin geboren. Sie wußte nicht, daß sie eine Göttin war, weil es ihr niemand gesagt hatte. Man hatte sie gelehrt, daß Götter und Göttinnen, wie Schamanen, Hexen und Zauberer, entweder nur Sagengestalten sind oder aber so heilig, daß es keinen Sinn hat, ihnen nachzueifern.

Im Laufe ihres Lebens entdeckte diese Göttin ihre eigenen Ideen und begriff irgendwann, daß die ganze Welt aus nichts anderem als Ideen besteht. Sie erlernte die Kunst, das Bewußtsein durch Akte heiligen Willens zu verändern.

Sie wußte, daß man Willen und Vorstellungskraft trainieren mußte, da die Realität nichts anderes ist als eine Funktion der Bewußtseinsebene, die diese Realität wahrnimmt.

Sie war eine Göttin, die Träume webte und die ein Netz spann, das Herzen und Seelen mit Mutter Natur verband – mit ihr selbst.
Sie kannte die Heilkraft der Liebe und lehrte die Menschen Frieden, denn sie glaubte fest daran, daß die Guten siegen werden; und sie war eine persönliche Vertraute des Weihnachtsmannes.
Bei ihrer Beerdigung sahen ihre Lieben einen kleinen, braunhäutigen Mann mit Sternen in den Augen, aber nur wenige konnten den Adler sehen, der auf seiner Schulter saß, oder den Löwen zu seinen Füßen.

Übungen zum ersten Chakra

Tiefes Atmen

Atem ist Lebenskraft; er ist der Energiefluß zwischen den Polen Geist und Materie. Wie wir atmen, so leben wir. Außerdem: Wer nicht atmet, ist tot.

Ausführung: Atme durch die Nase ein und fülle deinen Bauch mit Luft, so daß er sich ausdehnt ... atme weiter ein ... laß die Luft in die Lungen strömen, bis diese sich ebenfalls ausdehnen. Halte den Atem an ... atme dann langsam und kontrolliert aus ... ziehe dabei den Bauch ein, als ob du das Rückgrat berühren wolltest. Bleibe ausgeatmet, bis du wieder Luft holen mußt ... atme dann erneut durch die Nase ein. Wiederhole die Übung.

Wenn du deine Atemgewohnheiten ändern willst, atme einmal tief ein:

vor jeder roten Ampel,
bevor du das Telefon abnimmst,
bevor du anfängst zu essen,
bevor du durch eine Tür gehst,
bevor du aufstehst,
wenn du unbeobachtet bist.

Trage einen Anstecker mit der Aufschrift *Atme.*

Erdungshaltung

Das Leben besteht aus Atmen und Körperhaltung. Wenn du gerade stehst, kann die Energie frei durch die Chakras hinunter- und wieder hinauffließen.

Ausführung: Stelle dich nackt vor einen Spiegel. Sage dir, daß du liebst, was du siehst, selbst wenn es weit von dem entfernt ist, was du sehen möchtest. Richte deinen Körper aus und beginne damit bei den Füßen. Drehe die Fußspitzen leicht nach innen. Beuge die Knie etwas (durchgedrückte Knie sind ein weitverbreitetes Übel und unterbrechen den Energiefluß). Laß die Pobacken los. Die Arme hängen locker herunter. Laß die Schultern nach unten fallen. Laß den Kopf bequem auf dem Hals ruhen und prüfe, ob er gerade auf den Schultern sitzt. Stelle dich so hin, daß du dich richtig »geerdet« fühlst . . . beide Füße fest auf dem Boden, und atme so, als ob du durch die Füße einatmen würdest.

Wutausbruch

Diese Übung kannst du zu Hause machen, am besten, wenn jemand bei dir ist, den du kennst und dem du vertraust.

Lege dich aufs Bett, auf eine Matratze auf dem Boden oder auf eine Menge weicher Kissen, damit du dir die Fersen und Hände nicht verletzen kannst.

Nimm viele tiefe, schnelle Atemzüge. Stoße einen lauten Ton aus. Mache Fäuste und strecke deine Arme und Beine in die Luft. Schlage und trete abwechselnd, während du schreist. Schreie alles heraus, was dir gerade in den Sinn kommt.

Wenn du genügend Gefühle rausgelassen hast (traue dabei deinem eigenen Urteil), ist es schön, wenn dich jemand tröstet. Liege im Arm oder auf dem Schoß deines Partners und laß ihn dich ein paar Minuten halten. Einem Wutausbruch folgt meistens ein Gefühl tiefer Entspannung. Oft kann man auch herzhaft lachen.

Einmal herzhaft lachen ist soviel wert wie eine ganze Woche Tränen.

Bogenschützenhaltung

Durch diese Haltung kannst du wirkungsvoll dein Selbstvertrauen und deine Fähigkeit, mit Dingen fertig zu werden, steigern. Die Bogenschützenhaltung konzentriert deinen Verstand, erdet deinen Körper, vermindert Ängste ... und ... macht dich stark und anmutig.

Ausführung: Setze aus dem aufrechten Stand das rechte Bein nach vorne und beuge das rechte Knie, so daß du deine Zehenspitzen über das Knie hinweg nicht mehr sehen kannst. Deine Füße stehen jetzt etwa einen Meter auseinander. Dein linkes Bein geht gestreckt nach hinten, der linke Fuß steht fest auf dem Boden und ist gegenüber dem rechten Fuß etwa fünfundvierzig Grad nach außen gedreht. Strecke den rechten Arm gerade nach vorne, so daß er parallel zum Boden ist. Mache jetzt mit der Hand eine Faust, als ob du einen Bogen halten würdest. Der rechte Daumen zeigt gerade nach oben. Nun ziehe den linken Arm zurück, als ob du die Sehne des Bogens gegen deine Schulter ziehen würdest. Die Anspannung muß im Brustbereich zu spüren sein.

Nimm lange, ruhige Atemzüge. Konzentriere dich auf einen Punkt in einiger Entfernung vor dir oder auf deinen

Daumen. Sage beim Einatmen im stillen: *Sat* (Wahrheit) und beim Ausatmen: *Nam* (der Name).

Um deine Intuition zu verbessern, richte deine Aufmerksamkeit auf dein Stirnzentrum.

Halte diese Position am Anfang zwei oder drei Minuten lang auf jedem Bein. Steigere die Zeit langsam, aber achte dabei auf die Signale deines Körpers. Danach lege dich auf den Rücken, entspanne dich und laß deinen Streß, deine Ängste und Sorgen völlig los.

Sternblick

Diese schamanische Übung funktioniert!

Setze dich bequem vor einen von Kerzenlicht beleuchteten Spiegel. Nimm ein paar lange, ruhige, tiefe Atemzüge. Schau auf die Lichter in deinen Augen und sieh zu, wie sie sich in Sterne verwandeln. Laß diese Sterne deine Ängste zerstreuen.

Mache eine Liste

Wenn du deine Probleme und Wünsche aufschreibst, werden sie dadurch für dich klarer. Mache eine Aufstellung über Dinge, die dir angst machen, die du gerne hättest, die wichtig für dich sind, um zu überleben. Wenn die Aufstellung fertig ist, suche die Punkte heraus, die du loslassen möchtest, notiere sie separat und begrabe diese Liste mindestens 20 cm tief in der Erde (Erde ist das zu diesem Chakra gehörige Element).

Bogenschützenhaltung

Übungen zum zweiten Chakra

Sieben-Chakra-Sex

Wenn wir die Chakras begreifen, wird uns klar, warum sexuelle Begegnungen auf den niederen Ebenen so von Frustration, Ängsten und Gefühlen der Leere geprägt sind. Damit Sexualität befriedigend ist, muß das Herz dabeisein; spontaner Ausdruck und Austausch sowie Intuition und Weisheit der Seele müssen beteiligt sein. Sexualität muß das Geistige miteinbeziehen ... und das Materielle.

Wenn eine Frau wegen des Geldes oder aus Angst mit jemandem schläft, oder weil sie Angst hat, alleine zu sein, wenn einer der Ehepartner nur seiner Pflicht nachkommt, ein Mann nur einen sicheren Hafen sucht oder lediglich seine biologischen Grundbedürfnisse befriedigen will (wenn er in die Frau masturbiert) ... dann ist das nichts anderes als Sexualität im ersten Chakra, als Mittel zum Überleben.

Wenn sich zwei Menschen aufgrund von Lust oder Verlangen zueinander hingezogen fühlen oder weil sie den anderen als den sexuellen Partner betrachten, nach dem sie sich gesehnt haben ... dann ist es eine sexuelle Begegnung im zweiten Chakra.

Wenn der Drang zu kontrollieren, zu manipulieren oder der Wunsch, es jemandem heimzuzahlen, die treibende Kraft sind ... dann spielt sich das Ganze im dritten Chakra ab.

Wenn sich zwei Menschen mit Liebe, Respekt, Anteilnahme und Freundschaft begegnen und dem anderen sexuell Vergnügen bereiten möchten ... dann treffen sie sich im vierten Chakra.

Das fünfte Chakra bringt deine Seele zum Tanzen, wenn du das Lied zweier liebender Herzen hörst.

Im sechsten Chakra begreifst du vielleicht durch Intuition, Geruch, Geschmack, durch Sehen und Berühren die Göttlichkeit in deinem Partner oder deiner Partnerin. Ihr könnt eure Seelen durch eure Sexualität weihen ... und die Wahrheit intuitiv erspüren: den siebten Himmel.

Sat Kriya

Diese Übung stimuliert und kanalisiert direkt die Sexualenergie, die dann zur Heilung und für kreative Aktivitäten eingesetzt werden kann. Sie dient der Erhaltung der Gesundheit allgemein und beugt Krankheiten vor. Durch die Übung werden die inneren Organe massiert, der Körper in Höchstform gebracht und die verschiedenen Bewußtseinsebenen stimuliert.

Sie sollte täglich mindestens drei Minuten lang durchgeführt werden, damit das optimale Ergebnis erreicht wird. Du kannst mit drei Minuten beginnen, dich dann ein bis zwei Minuten ausruhen und sie noch einmal drei Minuten lang durchführen, so lange, bis du die Übung selbst etwa fünfzehn Minuten lang gemacht und acht bis zehn Minuten ausgeruht hast. Ich habe Sat Kriya bis zu 31 Minuten lang gemacht ... und das ist mir prächtig bekommen. Du solltest aber nichts erzwingen, damit du auch die in diesem Kriya enthaltenen subtilen Energieerfahrungen wahrnimmst. Eine Kriya ist eine Übung, die eine Reihe energe-

tischer Verbindungen zwischen verschiedenen Chakras einbezieht. Bereite dich langsam darauf vor und ernte die Früchte ... auf allen Ebenen.

Ausführung: Setze dich auf die Fersen und strecke die Arme so über den Kopf, daß die Ellenbogen die Ohren berühren. Verschränke die Finger, außer den beiden Zeigefingern, die gerade nach oben zeigen. Singe *Sat* (laut) aus dem Nabelzentrum und dem Solarplexus heraus und ziehe den Nabelpunkt in Richtung Rückgrat ein. Singe *Nam*, während du den Nabelpunkt wieder losläßt. Halte das Kinn leicht gesenkt, das Rückgrat gerade, die Arme nach oben ausgestreckt und singe etwa acht *Sat Nams* pro zehn Sekunden.

Wenn du fertig bist, atme ein und presse das Moohl-Band (Wurzelschleuse), indem du die Muskeln des Afters, der Sexualorgane und des Nabelpunktes zusammenziehst. Erspüre mit geschlossenen Augen die an deinem Rückgrat hochsteigende Energie. Atme aus, halte dabei die Schleuse fest ... und ziehe sie noch stärker zusammen. Atme tief ein ... halte weiter fest. Atme aus und laß los.

Gleichgewicht finden

Wenn du morgens deine Strümpfe anziehst, übe dabei, auf einem Bein zu stehen, statt dich hinzusetzen oder irgendwo anzulehnen. Laß dich nicht entmutigen, wenn du am Anfang dabei umkippst. Übung macht den Meister. Stehe auf einem Bein, wann immer es möglich ist (vor allem, wenn du irgendwo Schlange stehst). Esse eine Mahlzeit pro Tag nur mit der linken Hand ... unterschreibe mit links, putz dir die Zähne und kämm dir die Haare mit links.

Mache eine Liste

Nicht jeder schreibt gern. Aber Listen helfen uns, unser Verhalten zu überdenken, und das auf so phantastische Weise, daß die meisten Menschen gerne Listen machen. Du kannst für alle Dinge in deinem Leben, die dich interessieren, eine Liste anfertigen . . . eine Liste der Schuldgefühle, der Glaubenssätze, der Dinge, die dich anmachen; eine Liste deiner Gewohnheiten, deiner Lieblingsgeschenke, deiner Lieblingsausreden und der Dinge, die dich nervös machen . . . die Liste der möglichen Listen ist endlos. Die Intelligenz wird vom Bewußtsein eingeschränkt. Es ist ein Zeichen von Intelligenz, sich seine Handlungsweisen bewußt zu machen. Die beste Art und Weise, unsere Chakras ins Gleichgewicht zu bringen, ist, uns ihrer bewußt zu werden.

Ausführung: Nimm Papier, Bleistift und Füller und setze dich an einen bequemen Platz zum Schreiben. Atme ein paarmal tief durch und überlege dir, von was du gerne eine Liste machen möchtest. Nimm dir eine Viertelstunde Zeit und schreibe alles auf, was dir zu dem Thema gerade in den Sinn kommt.

Wenn du mit einem Freund über deine Liste sprichst, änderst du eher etwas, als wenn du sie für dich behältst. Spreche so offen wie möglich über deine Liste. Das kannst du fünfzehn Minuten oder mehrere Stunden lang tun.

Dann befreie dich in einer zeremoniellen Handlung von allem, was sich nicht mehr mit deinen noblen Vorsätzen vereinbaren läßt, indem du es in einem Wasserbehälter wegspülst. (Wasser ist das Element des zweiten Chakras.)

Ein Fluß oder das Meer ist ein hervorragender Platz, um diese Befreiung zu vollziehen . . . Eine Toilette tut es aber auch.

Übungen zum dritten Chakra

Kissentrommeln

Es gibt drei sehr wirkungsvolle Arten, Ärger loszuwerden. Alle drei haben mit dem Herauslassen von Tönen zu tun: einen Wutausbruch bekommen (Übungen zum ersten Chakra), mal richtig schreien (Übungen zum vierten Chakra) oder Kissentrommeln. Diese einfache Übung verhindert Gewaltausbrüche, da sie Gefühle wie Ärger und Aggression freisetzt. Kinder lieben diese Übung!

Ausführung: Knie dich möglichst bequem auf den Boden. Beuge dich über ein Kissen, das als Resonanzboden für deine Schläge dient. Hebe die Arme über den Kopf und balle die Hände zu Fäusten. Atme tief, etwa achtmal in zehn Sekunden, bis du dich so fühlst, daß du mit den Fäusten auf das Kissen zu trommeln beginnst. Strecke die Arme immer wieder in die Luft und lasse die Fäuste auf das Kissen niederdonnern. Schreie dabei laut.

Meistens schreit man dabei Dinge heraus, wie: »Ich hasse dich! ... Warum hast du das getan? ... Warum hast du mir das angetan? ... Hau ab! ... Faß mich nicht an! ... Ich hasse dich! ... Ich will nicht! ... Schluß damit! ... Warum immer ich? ... Nie mehr!«

Höre nicht zu früh auf. Normalerweise brauchst du zwei Minuten, um in Fahrt zu kommen. Wenn du dir zu Anfang dieser Übung keiner Aggression bewußt bist, dann spiele einfach wütend. Es ist leichter, durch Handlungen zu neuen Gefühlen zu gelangen, als durch Gefühle zu einer neuen Handlungsweise. Durch das Spielen von Aggressionen wird oft der richtige Knopf gedrückt. Schon als Kinder werden wir daran gehindert, Ärger oder Wut auszudrücken. Als Erwachsene haben wir dann Angst, unsere Wut rauszulassen. Wenn wir friedvoll werden wollen, müssen wir erst einmal den angesammelten Müll loswerden.

Wenn du deinen Aggressionsgefühlen genügend freien Lauf gelassen hast – du merkst selbst, wann der richtige Zeitpunkt zum Aufhören ist –, genieße das Gefühl tiefer Entspanntheit und innerer Ruhe. Wenn dir danach ist, kannst du deine Erfahrungen mit jemandem teilen.

Feueratem

Feueratem hilft: das Blut zu reinigen, Süchte zu überwinden, Nervosität zu vermeiden, den Geist zu konzentrieren, das Nervensystem zu stärken, die Konzentrationsfähigkeit zu verbessern, das körperliche Aus- und Durchhaltevermögen zu steigern, einen anhaltenden Alpha-Rhythmus im Gehirn zu erzeugen, die Energie des dritten Chakras anzuregen und ins Gleichgewicht zu bringen, Giftstoffe aus den Lungen, den Schleimhäuten und den Zellen freizusetzen.

Ausführung: Der Atemrhythmus ist ziemlich rasch; zwei bis drei Atemzüge pro Sekunde. Atme fließend und kräftig und mache zwischen Ein- und Ausatmen keine Pause. Presse beim Ausatmen die Luft hinaus, indem du den Unterleib und das Nabelzentrum einziehst. Der Brustkorb ist ziemlich entspannt, und die Energie konzentriert sich auf das Nabelzentrum. Lasse beim Einatmen den Unterleib los, so daß das Zwerchfell sich senkt; dann ist das Einatmen Teil der Entspannung und erfordert keine bewußte Anstrengung.

Während der Atemtechnik des Feueratems vergiß nicht, Spannung loszulassen, die sich während des Atmens in den Beinen, im Gesicht sowie in Schultern und Brustkorb angesammelt haben kann. Zunächst verspürst du möglicherweise im Nabelzentrum und im Solarplexus ein Gefühl der Müdigkeit und Unkoordiniertheit. Mit der Zeit wird das Atmen jedoch rhythmisch, leicht und fließend werden.

Wenn du in der Technik des Feueratems erst einmal geübt bist, kannst du diese Übung zwanzig Minuten oder länger machen, ohne daß Schwindelgefühle oder Unregelmäßigkeiten im Sauerstoffgehalt des Blutes auftreten. Giftstoffe und Ablagerungen von Drogen, Zigaretten oder von Zusätzen in Nahrungsmitteln werden durch die Blutbahn und das Lymphsystem ausgeschwemmt. Wenn du sehr viele Giftstoffe im Körper hast, kann der Feueratem eine kurzfristige Selbstvergiftung auslösen. Um den Reinigungsprozeß zu unterstützen, steigere die tägliche Übungszeit, nimm möglichst nur Obst, Gemüse und Nüsse zu dir und trinke sehr viel Wasser.

In den meisten Übungsreihen wird Feueratem etwa drei Minuten lang gemacht. Als Einzelübung kannst du mit drei Minuten beginnen und die Zeit dann langsam bis auf zwanzig Minuten steigern.

Sowohl körperliche als auch geistige Haltung sind bei der Durchführung der Übung wichtig. Das Rückgrat sollte gerade, das Kinn leicht gesenkt und der Geist konzentriert sein. Außerdem hilft es, wenn du bei jedem Atemzug im stillen *Sat Nam* vibrierst. Wenn dieser Klang in deinen Geist dringt, weiß dieser eher, was er mit der enormen Energie anfangen soll, die bei dieser Übung erzeugt wird.

Streckposition

Durch diese Übung wird die Energie im dritten Chakra aktiviert und ins Gleichgewicht gebracht, das Nabelzentrum und die Bauchmuskulatur werden gefestigt, und deine Fähigkeit, Versprechen zu halten, wird gesteigert.

Ausführung: Lege dich mit geschlossenen Beinen auf den Rücken. Hebe die Beine mit gestreckten Füßen und Zehenspitzen etwa fünfzehn Zentimeter vom Boden in die Höhe. Strecke die Arme gerade nach vorn, so daß sie in Richtung Zehen zeigen, und hebe Kopf und Schultergürtel etwa fünfzehn Zentimeter vom Boden. Fixiere mit den Augen die Zehenspitzen und beginne mit dem Feueratem. Halte die Position eine bis drei Minuten lang.

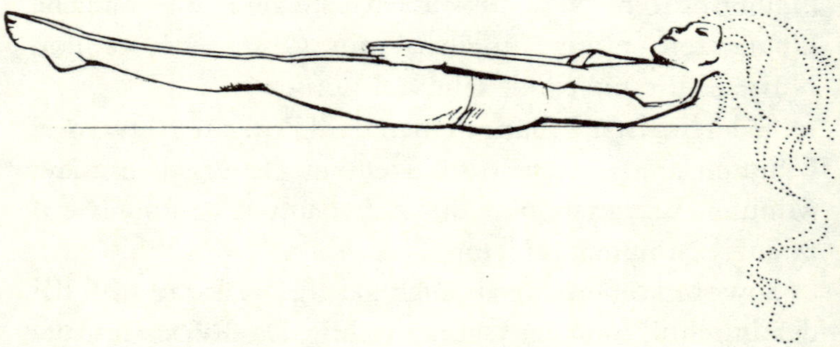

Danach atme tief ein und spanne die Muskeln im After, im Genitalbereich und im Bauch an. Halte die Anspannung ... ziehe die Muskeln noch fester zusammen ... und laß los.

Körperformen

Wenn du die vergnügliche und faszinierende Erfahrung machen willst, deinen Körper durch jemand anderen formen zu lassen, mache mit einem Partner die folgende Übung.

Einer von beiden steht völlig passiv da. Du kannst die Übung auch nackt machen, wenn du dich dabei wohl fühlst. Die andere Person fängt an, wie bei einer Puppe Arme, Hände, Finger, Kopf, Füße und so weiter in eine gewünschte Position zu bringen.

Wenn du die Person bist, deren Körper geformt wird, entspanne dich und atme ganz normal weiter . . . bleib völlig passiv. Konzentriere deine Augen nicht auf einen Punkt. Genieße das Gefühl, geformt, bewegt und manipuliert zu werden.

Wenn du die formende Person bist, verändere den Gesichtsausdruck der Person, die du formst, und ihren ganzen Körper so lange, bis du mit dem Ergebnis zufrieden bist.

Die »geformte« Person hält die Endstellung zwischen einer und fünf Minuten lang . . . oder länger.

Forme die Person zu einer Skulptur, die in übersteigerter Weise ihre Lebensthemen wiedergibt (wie: Kümmere dich um mich . . . Ich brauche Hilfe . . . Ich stehe es allein durch . . . Warum bin ich so dick? . . .)

Forme den Körper der Person so, daß sie gerade steht und nicht das Gleichgewicht verliert.

Als liebevolles Geschenk kannst du den Körper der Person zu einer Pose formen, die die anmutigste, harmonischste und schönste für sie ist.

Mache eine Liste

Mache eine Liste über die Themen des dritten Chakras: Leute, auf die ich wütend bin ... Ich fühle mich voller Energie, wenn ... Erfolgreich zu sein, heißt ...

Nachdem du deine Liste fertiggestellt hast ... verbrenne in einer kleinen Zeremonie alles, was nicht mehr mit deinen noblen Vorsätzen in Einklang steht ... und was dich davon abhält, dich mit neuen Themen auseinanderzusetzen. Feuer ist das Element des dritten Chakras.

Übungen zum vierten Chakra

Bärengriff über dem Herzen

Diese Übung öffnet das Herz und regt die Thymusdrüse an, das Kontrollorgan des Immunsystems.

Ausführung: Setze dich auf die Fersen. Schließe die Hände zum Bärengriff, das heißt, krümme die Finger und verhake sie vor der Brust ineinander, so daß die Handfläche der linken Hand von dir weg, die der rechten Hand zu dir weist, wobei die Unterarme parallel zum Boden sind. Atme ein. Halte den Atem an und versuche, die Hände auseinanderzuziehen, ohne den Griff zu lösen. Ziehe so fest du kannst. Atme aus. Atme ein und ziehe wieder. Setze das ein bis drei Minuten lang fort. Atme aus und entspanne.

Vertraue dich bei dieser Übung total dem Boden unter dir an. Du kannst alles vor deinem geistigen Auge auftauchen lassen, was dir hilft, Mitgefühl, Hingabe und Liebe zu empfinden (siehe Zeichnung auf Seite 162).

Hingabe

Nach meiner Erfahrung hungern Menschen, denen die institutionalisierten Religionen nichts sagen, trotzdem danach, etwas anzubeten. Der Akt des Anbetens, der viele Menschen abstößt, wird allgemein mißverstanden und kann uns durchaus inneren Frieden geben.

Bärengriff

Ausführung: Schaffe dir einen Altar (einen bestimmten Platz in deiner Umgebung) und lege etwas darauf, was für dich von besonderer Bedeutung ist (den Ring eines geliebten Menschen, ein Foto, eine Locke deines Enkelkindes). Eine geistige Verbindung mit diesem äußerlichen Symbol kann dir helfen, mit der Göttlichkeit, der Heiligkeit, dem reinen weißen Licht, der absoluten Liebe und/ oder was immer du am meisten verehrst, in Verbindung zu treten.

Ein Altar kann ein Konzentrationspunkt sein, von dem aus du dein spirituelles Selbst sehen kannst. Eine Kerze kann als Symbol für das *Licht* dienen.

Liebe eine Pflanze

Kaufe eine junge Pflanze und kümmere dich täglich und ganz bewußt um sie. Gib ihr einen Namen. Achte darauf, wie und womit du sie nährst. Werde dir bewußt, wie die Pflanze gewachsen ist, wie sie riecht, wie sie schmeckt, wie groß sie ist, welche Farbe sie hat, wie sie wächst und gedeiht, wie sie sich anfühlt. Berühre sie, nimm ihre Töne auf und denke darüber nach, was diese Pflanze dir gibt.

Du kannst das gleiche auch mit einer größeren Pflanze machen ... beispielsweise mit einem Baum.

Wenn du möchtest, kannst du diese Bewußtseinsübung auch mit einem Haustier, einem Tier, das du ab und zu siehst, oder einem geistigen Begleiter (einem Tier, das uns führt und das uns sehr ähnlich ist) durchführen.

Mit Menschen funktioniert die Übung ebenfalls.

Singe ein Lied

Lade eine Gruppe von Leuten zum Singen ein. Herzergreifende/hingebungsvolle Lieder können Herzen öffnen.

Allein zu singen im Auto, unter der Dusche, in der Natur, beim Geschirrwaschen ... kann beruhigend wirken.

Singe bei erhebender Musik mit, die du magst.

Schreibe einen neuen Text, der dein spirituelles Wachstum unterstreicht, zu deinen Lieblingsliedern.

Mache eine Liste

Mache eine Liste der Dinge, die dein Herz angehen. Laß Themen los, die nicht länger mit deinen noblen Vorsätzen in Einklang stehen . . . laß diese Dinge davonfliegen. (Luft ist das Element des vierten Chakras.)

Übungen zum fünften Chakra

Kopfrollen

Durch diese Übung wird die Schilddrüse gefestigt und das fünfte Chakra ins Gleichgewicht gebracht. Die Übung eignet sich hervorragend, um Versteifungen im Nacken zu lösen, das Gefühl für Töne zu verfeinern und die Nerven zu beruhigen.

Ausführung: Setz dich bequem im Schneidersitz hin (einfache Haltung). Laß die Hände entspannt auf den Knien ruhen. Forme die Finger zum Gyan Mudra (die Spitzen des Daumens und des Zeigefingers berühren sich, die übrigen Finger zeigen geradeaus). Rolle den Kopf kreisförmig im Uhrzeigersinn, indem du das rechte Ohr der rechten Schulter näherst, dann den Hinterkopf Richtung Schulterblätter und Rücken rollen läßt, dann weiter herum, wobei du das linke Ohr der linken Schulter näherst und zum Abschluß des Kreises das Kinn der Brust. Während des ersten Übungsteils atme ein und, während sich das Kinn langsam in Richtung Brustkorb bewegt, wieder aus. Die Schultern bleiben entspannt; der Hals wird so weit gestreckt, wie es sich noch gut anfühlt. Wenn du die Übung richtig durchführst, fühlst du dich bestimmt sehr wohl dabei.

Mache die beschriebene Übung eine bis zwei Minuten, ändere dann die Bewegungsrichtung und rolle wieder eine bis zwei Minuten. Wenn du fertig bist, richte den Kopf auf, bis er gleich schwer auf beiden Schultern ruht. Entspanne dich und atme ... spüre nach, was du für dein Wohlbefinden getan hast.

Menstruation

Diese Übung ist für alle, denn die Menstruation betrifft jede Frau. Der phantastische biologische Mechanismus der Natur namens Menstruation (und die Tage davor) werden von der gesammelten Ärzteschaft als Störung betrachtet. Deswegen versuchen Millionen von Frauen verzweifelt, ein Mittel dagegen zu finden. Es gibt einen besseren Weg.

Ausführung: Horche in deinen Körper hinein. Höchstwahrscheinlich verlangt er nach etwas Liebe und Zuwendung. Höre auf zu geben, laß dich von anderen umsorgen. Laß dich verwöhnen. Einige Frauen lassen sich gern massieren, andere ziehen sich lieber zurück.

Feiere deine Ungenießbarkeit ... sie ist ein natürlicher Schutzmechanismus für dich und deine Mitmenschen. Wenn du dich mit deiner Negativität anfreundest, schöpfst du mehr Kraft, um dich zu verjüngen.

Suche die Nähe anderer Frauen, vor allem, um über biologische Themen, Gesundheit und Sicherheit zu diskutieren. Findet euch in Gruppen zusammen, wann immer es möglich ist.

Schlafe mit deinem Partner, wenn du Lust dazu hast; wenn nicht, laß es.

Wenn du menstruierst oder mit einer menstruierenden Frau zusammenlebst, hilft es, den Zyklus in einen Kalender einzutragen. Sich auf die Tage vorzubereiten, an denen eine Frau besonders viel Zuwendung braucht, macht aus dem Horror vor dem Prämenstruellen Syndrom so positive Programmierungsansätze wie: Mich verwöhnen – Meinen Bedürfnissen Raum geben – Mir selbst Überraschungen bereiten. (Anm. der Übers.: Die im Amerikanischen gebrauchte Abkürzung für das Prämenstruelle Syndrom [PMS] nutzt die Autorin für einige Wortspiele: Pamper My Self, Provide Myself Space, Promise Myself Surprises.)

Wenn du den Zyklus deiner Partnerin verfolgst, kannst du dir in den Kalender schreiben: Meinen Schatz verwöhnen. (Im Amerikanischen: Pamper My Sweetheart.) Die Taoisten nennen den ersten Tag der Menstruation den »Tag des roten Schnees«.

Schau am besten nicht in den Spiegel, geh keine enganliegenden Kleidungsstücke kaufen, und triff keine umwälzenden Entscheidungen. Meide Salz und rohes Fleisch. Verrichte keine schwere körperliche Arbeit und hebe nichts, was mehr wiegt als dein Essen. Mache regelmäßig Übungen.

Iß Ingwerwurzeln, grüne Pepperoni und Cayennepfeffer. Nimm auch Vollwertkost, hochwertige Proteine und entsprechende Vitamine aus dem B-Komplex zu dir. Ein chinesisches »Energiekraut« namens Tang Kuei oder Dong Quai (Radix Angelicae Sinensis) ist ein hervorragendes Tonikum für Frauen und wirkt auch bei Männern gut. Es schafft Harmonie in den weiblichen Organen und im Hormonhaushalt.

Das nächste Mal, wenn du mitten in der Nacht aus dem Bett springst, um die Möbel umzustellen, oder wenn du so reizbar bist, daß du dich fragst, wie dich überhaupt jemand mögen kann, oder wenn du wieder mal vor deinen Tagen den typischen Freßsuchtsanfall bekommst ... denke einfach daran, die Göttin in dir zu feiern, durch deren Bluten die Welt erst weiterleben kann.

Höre Musik

Die Übung bereitet dich auf die Perfektion vor.

Höre dir die wunderbarste Musik an, die du finden kannst. Höre sie dir voll und ganz an.

Du kannst endlos viele Möglichkeiten entdecken, dein Bewußtsein zu unterhalten, zu bilden und zu erweitern, indem du zuhörst.

Gib ein Versprechen

Ein Versprechen ist ein nobler Vorsatz. Mache keine Versprechen, die du nicht halten kannst. Die meisten Menschen sind es nicht gewöhnt, Versprechen zu machen, die sie dann auch halten müssen. Meistens machen wir leere Versprechen. Wir können uns selbst nur vertrauen, wenn wir das, was wir sagen, auch tun.

»Ich helfe dir am Samstag beim Umzug«, sagst du zu deinem Freund, und das ist ein Versprechen. Wenn du am Samstag nicht gerade stirbst, solltest du wirklich hingehen, um beim Umzug zu helfen.

Ausführung: Fange klein an. Drücke dich klar und unmißverständlich aus. Schreibe die Versprechen, die du machst, auf, damit du weißt, wem du was versprochen hast.

Versprechen zu halten, bedeutet, das Lied zu leben, das wir singen. Das Lied zu leben, das wir singen, bedeutet, das Leben wie ein Lied zu leben.

Sieben-Chakra-Harmonie

Nehmt eine bequeme Tantraposition ein (setzt euch im Schneidersitz einander gegenüber, die Frau in den Schoß des Mannes, so daß ihr einander mit den Beinen umschlingt – wie abgebildet), und legt jeweils eure rechte

Hand auf das Herzzentrum eures Partners (man kann dabei die Hand von vorne oder von hinten auf das Herzzentrum legen). Blickt euch schweigend und liebevoll tief in die Augen und atmet im Gleichklang.

Holt einmal tief Luft, spannt die Muskeln am After an und singt laut *Lam*, bis ihr völlig ausgeatmet habt.

Atmet tief ein, spannt die Muskeln im Genitalbereich an und singt laut *Vam*, wieder bis ihr völlig ausgeatmet habt.

Atmet tief ein, spannt die Muskeln im Bauch an und singt *Ram*, bis ihr völlig ausgeatmet habt.

Atmet tief ein, öffnet ganz bewußt euer Herz und singt *Yam*.

Atmet tief ein, bringt Spannung in den Kehlkopfbereich und singt *Ham*.

Danach zieht die Stirnmuskeln im Bereich des Dritten Auges zusammen und singt mit eurem ganzen Atemvolumen *Om*.

Zum Schluß singt *Soham* und stellt euch dabei den Scheitelpunkt eures Kopfes vor, wie er von strahlendem weißen Licht erleuchtet wird. (Anmerkung: Das »o« wird wie in »oder« ausgesprochen.)

Wiederholt die Abfolge drei- bis siebenmal, bis ihr eine ausgeglichene Schwingung zwischen euch feststellt.

Übungen zum sechsten Chakra

Intuition entwickeln

Je mehr wir unserer Intuition vertrauen, desto stärker wird sie. Übung macht den Meister.

Handeln im sechsten Chakra, sei es intuitiv oder nicht, beinhaltet Intelligenz. Im sechsten Chakra festzustecken ist leider genauso einschränkend, wie mit einem der niederen Chakras verhaftet zu sein.

Normalerweise ist übersinnliche Wahrnehmung spontan und kann nicht willentlich kontrolliert oder herbeigeführt werden. Durch Alkohol, Beruhigungs- oder Schlafmittel wird die ASW-Fähigkeit herabgesetzt; ebenso durch stürmisches Wetter, eine skeptische Einstellung oder Müdigkeit. Die außersinnliche Wahrnehmung funktioniert am besten zwischen Menschen, die sich gut kennen oder Blutsverwandte sind. Diese Fähigkeit ist außerdem bei Menschen stärker ausgeprägt, die der Natur nahestehen oder die einen oder mehrere ihrer fünf Sinne verloren haben. Kinder und Tiere haben oft gut ausgeprägte Fähigkeiten zur außersinnlichen Wahrnehmung.

Ausführung: Diese tri-energetischen Übungen harmonisieren alle Sinne, Elemente und Emotionen. Das Gute daran ist, daß du am Anfang der Übung quasi alles machen kannst, was dich körperlich erschöpft. Du kannst zum Beispiel Seilspringen, auf der Stelle laufen, intensiv Kundalini-Yoga machen, wild tanzen . . .

Wenn du erschöpft bist und schwitzt, setze dich mit gekreuzten Beinen, geradem Rückgrat und leicht gesenktem Kinn hin und mache eine der folgenden Übungen.

Meditation zum Dritten Auge

Schließe die Augen und stelle dir vor, daß du von innen auf die Stelle schaust, wo das Dritte Auge sitzt. Übe mit dem Zeigefinger einen leichten Druck auf den oberen Teil der Augenhöhlen nahe der Nase aus. Mit dem Daumen verschließe die Gehörgänge, indem du die über ihnen liegenden Hautläppchen andrückst. Atme langsam und tief. Singe beim Ein- und Ausatmen still *Om* und konzentriere dich dabei auf das Dritte Auge. Wenn dir Bilder helfen, stell dir einen Kranz goldenen Lichts um ein blaues Auge herum vor, das als Pupille einen silbernen Stern hat.

Kerzenmeditation

Richte deinen Blick auf die Mitte einer Kerzenflamme. Singe beim Ein- und Ausatmen im stillen *Om.* Fühle dich eins mit der Kerzenflamme.

Sternmeditation

Richte deinen Blick auf einen Stern. Singe beim Ein- und Ausatmen im stillen *Om.* Fühle dich eins mit dem Sternenlicht.

Gedankenübertragung

Schließe die Augen und schaue von innen auf das Dritte Auge und ... übermittle jemandem einen Gedanken. Diese Übung kannst du zu einem vereinbarten Zeitpunkt durchführen, wenn du mit jemandem ausgemacht hast, sowohl einen Gedanken zu empfangen als auch einen zu senden.

Über die Autorin

Nachdem sie mehrere Berufe ausgeübt hatte, promovierte Rickie Moore in Psychologie und arbeitete einige Jahre als psychologische Beraterin in einer Rehabilitationsklinik für Alkoholiker und Drogenabhängige. Danach ging sie auf ausgedehnte Reisen, um einen Weg zu finden, spirituelle, paranormale und psychotherapeutische Heilmethoden miteinander zu verbinden. Nachdem sie siebzehn Jahre lang Kundalini-Yoga praktiziert und sich jahrelang mit Schamanen, Gurus, Lehrern und Heilern beschäftigt hat, ist sie inzwischen zu einer Therapeutin geworden, die sich von ihrer eigenen und der Inspiration der Workshopteilnehmer leiten läßt. Sie ist eine inspirierte Therapeutin mit einem vielfältigen Repertoire von Methoden.

Rickie Moore leitet zusammen mit ihrem Ehemann, einem klinischen Psychologen, Playshops in der ganzen Welt. Darüber hinaus führt sie Menschen in die Kunst und Wissenschaft ein, wie man Gruppen leitet.

Rickie Moore und ihr Mann sind Weltbürger und halten sich abwechselnd in sechs verschiedenen Ländern auf. Sie ist Mutter von zwei erwachsenen Töchtern, Stiefmutter von zwei kleinen Söhnen und Großmutter eines eineiigen Zwillingspaars von Baby-Göttinnen.

Die Autorin ist über die Verlagsadresse zu erreichen.

Bibliographie

Barnaby, Frank (Hg.): *The Gaia Peace Atlas*. Pan Books, 1988 – Wie man vom Rande des Abgrunds zurücktreten kann.

Berne, Eric: *Spiele der Erwachsenen*. Rowohlt, Reinbek 1967 – Transaktionsanalyse der Kommunikation.

Cardelle, Frank: *Bruder Mann*. Hermann Bauer, Freiburg 1988 – Für Männer, die Mensch werden wollen.

Donahue, Phil: *The Human Animal*. Simon & Schuster, 1985 – Umfassender Überblick über unser stammesgeschichtliches Erbe.

Douglas, Nik, und Slinger, Penny: *Das große Buch des Tantra. Sexuelle Geheimnisse und die Alchimie der Ekstase*. Sphinx, Basel 1985

Dychtwald, Ken: *Körperbewußtsein*. Synthesis, Essen 1981.

Feyler, Günther: *Träume – Suchbilder der Seele*. Hermann Bauer, Freiburg 1987 – Anleitung zum Gebrauch von Träumen.

Girdano, Daniel A., und Everly, George S.: *Controlling Streß and Tension. A Holistic Approach*. Prentice Hall 1979

Gofman, John W.: *Radiation and Human Health*. Sierra Club Books, 1981 – Sehr gute Informationen, um zu überleben.

Hamel, Peter M.: *Durch Musik zum Selbst. Wie man Musik erleben und erfahren kann*. Bärenreiter, Kassel 1980 – Toll!

Heider, John: *Tao der Führung. Laotse's Tao Te King für eine neue Zeit*. Übers. von René Taschner. Sphinx, Basel 1988 – Für Gruppenleiter unschätzbar.

Hoffman, Abbie: *Steal this Urine Test: Fighting Drug Hysteria in America*. Penguin, 1987 – Erstaunlich vernünftig.

Hofmann, Albert: *Einsichten – Ausblicke. Essays*. Sphinx, Basel 1986 – Eindeutig visionär.

Kahn, Si: *Organizing: A Guide for Grassroots Leaders*. McGraw-Hill, 1981 – Kochbuch, Handbuch, Bibel . . . unentbehrlich!

Khalsa, M. S. S. Guruchavan Sing Khalsa (Hrsg.): *Kundalini Yoga. Sadhana Guidelines.* K. R. I., Pomona/USA, 1978

Keshavadas, Satguru Sant: *Healing Techniques of the Holy East.* Temple of Cosmic Religion, 1980 – 174 Santa Clara Ave., Oakland, CA 94610 – Heilen durch Mantras, von einem Meister erklärt.

Krippner, Stanley, und Dillard, Joseph: *Dreamworking.* Bearly Ltd., 149 York St., Buffalo, NY 14213, 1988 – Hervorragende Anleitung.

Krippner, Stanley: *Medizin zwischen Himmel und Erde. Spirituelles Heilen der Schamanen, Hexen, Priester und Medien.* Chiron, Mössingen 1987

Leonard, George: *Walking on the Edge of the World: A Journey of Discovery through the Sixties and Beyond.* Hutton-Mifflin, 1988 – Großartig! Von einem, der dort war.

Leonard, George: *The Transformation.* Tarcher, 1972

Lessing, Doris: *Die viertorige Stadt. (Kinder der Gewalt.)* Übers. von Karin Kersten/Iris Wagner. Klett-Cotta, Stuttgart 1984 – Atemberaubende Zukunftsvision . . . von Menschen in einer zerrütteten Welt.

Ley, Adano: *Basic Five Stretches.* 5127 Richmond, 109, Houston, TX 77056, 1987 – Poster mit den in diesem Buch beschriebenen Stretchings.

Lowen, Alexander: *Bio-Energetik. Therapie der Seele durch den Körper.* rororo-Sachbuch 8435, Reinbek 1988

Macy, Joanna: *Mut in der Bedrohung. Psychologische Friedensarbeit im Atomzeitalter.* Goldmann, München 1988 – Bewunderungswürdig mutiges Buch über unsere Welt und psychologische Friedensarbeit.

Millman, Dan: *Way of the Peaceful Warrior. A Book that Changes Lives.* Kramer, 1984

Moore, Rickie: *Macht den Kreis größer. Wir brauchen einander.* Hermann Bauer, Freiburg 1988 – Wie wir die Macht der Liebe einsetzen können, um das zu bekommen, was wir brauchen.

Myers, Norman (Hg.): *Gaia. Öko-Atlas der Erde.* Fischer Taschenbuch, Frankfurt 1987 – Wichtige menschheitsbezogene Daten . . . unschätzbar.

Namikoshi, Toru: *Shiatsu-Selbstmassage und Stretching. Übungen, die in Form bringen*. Übers. von Ch. Baker. Martin, 1988 – Eine gute Anleitung, wie man Streß abbauen und flexibel bleiben kann.

Namikoshi, Toru: *Shiatsu. Heilung durch die Fingerspitzen*. Goldmann Ratgeber 10765, München 1986

Ohashi, Wataru: *Shiatsu – die japanische Fingerdrucktherapie*. Hermann Bauer, 8. Aufl., Freiburg 1989 – ebenso.

Pickney, Callan: *Callanetics: 10 Years Younger in 10 Hours*. Avon Books, 1984 – Unglaubliche tief wirkende Muskelübungen.

Pogrebin, Letty Cottin: *Among Friends: Who We Like, Why We Like Them, And What We Do with Them*. McGraw-Hill, 1987 – Amüsante, praktische, faszinierende Analyse der Freundschaft.

Radha, Swami Sivananda: *Kundalini Yoga for the West*. Shambala, 1981

Rifkin, Jeremy: *Entropie – ein neues Weltbild*. Übers. von C. Falk/W. Eliss. Ullstein Taschenbuch, Berlin 1985 – Es ist erstaunlich, wie die Naturwissenschaft genau die Probleme schafft, die sie anschließend zu lösen versucht!

Rowan, John: *Der verwundete Mann*. Goldmann, München 1988 – Der Feminismus und die Männer ... oder: Wie sind die neuen Männer?

Seed, John; Macy, Joanna; u. a.: *Denken wie ein Berg*. Hermann Bauer, Freiburg 1989 – Praktische Anleitung zur spirituellen Ökologie.

Shah, Idries: *Das Geheimnis der Derwische. Geschichten der Sufimeister*. Übers. von Inge v. Wedemeyer. Herder, 1984 – Sufi-Geschichten, die so neugierig machen, daß man wenigstens einen kurzen Blick von der Wahrheit erhascht.

Shuttle, Penelopa, und Redgrove, Peter: *Die weiße Wunde Menstruation* Fischer tb. 3728, 5. Aufl., Frankfurt 1986

Starhawk: *Der Hexenkult als Ur-Religion der Großen Göttin. Magische Übungen, Rituale und Anrufungen*. Übers. von U. Schuler. Hermann Bauer, Freiburg 1988, 4. Aufl. – Rituale und Zeremonien im Jahreszyklus.

Starhawk: *Wilde Kräfte*. Übers. v. A. Roethe, Hermann Bauer, Freiburg 1987 – Weiße Magie für Bürgerinitiativen.

Trebach, Arnold S.: *The Great Drug War*. Macmillan, 1987 – Über Politik, Parteien und Pharmaindustrie.

Ventura, Michael: *Shadow Dancing in the USA*. Tarcher, 1985 – Erschreckend, spannend und sehr gut geschrieben.

Walker, Barbara: *Die weise Alte. Kulturgeschichte – Symbolik – Archetypus*. Übers. von S. Kahn-Ackermann. Frauenoffensive, München 1986 – Aufschlußreich anregend.

Wells, Clark: *Sunshine and Rain at Once*. Skinner House, 1981

Williams, Paul: *Das Energi*. Warner, 1978 – Absolut unglaublich!

Wilson, Robert Anton: *The New Inquisition*. Falcon, 1987 – Wie unser Denken kontrolliert wird ... und magische Alternativen.

Yogananda, Paramahansa: *Autobiographie eines Yogi*. Eine wahre Initiation ... faszinierend!

Inspirierende Musik

Alsor, Peter: *Draw the Line*. Flying Fish Music

Freedman, Cindy: *Song Spirit*. 1985

Freedman, Cindy: *Gift of Love*. P. O. B. 66566, Houston, TX 77006, 1987 – Schöne Gesangsstücke, kraftspendend und heilkräftig.

Keshavadas, Satguru Sant: *Cosmic Healing Mantras*. Temple of Cosmic Religion, 174 Santa Clara Ave, Oakland, CA 94610, 1985 – Der begeisternde Klang der Stimme eines Meisters.

Khalsa, Hari Singh: *Many Will Be Shaken*. Khalsa Music, 1117 Jackson, Houston, TX 77006, USA

Ley Adano: *Prismer of Love, 1, 2, 3*. 5127 Richmond, 109 Houston, TX 77056, 1987 – Einfach toll für Trance-Tanz.

Richter, Otto, 1988: *Down to Earth*. Postfach 13 11, D-7800 Freiburg – ebenso.

Scholten, Jetty: *Sufi Songs*. New Age Center Huize Over vLoed, Loermanakker 31, 1541 va Kooy dan de Zaan, Netherlands.

Sophia: *Journey into Love*. P. O. Box 1207, Carmel Valley, CA 93924, USA.

Streisand, Barbara: *One Voice*. The Streisand Foundation, 1986 – Eine herrliche Stimme für eine sicherere Welt.

Winter Consort, Paul: *Concert for the Earth*. Living Music Records, Inc., Box 72, Litchfield, CT 06759, USA; 1985 – Herrlich!

Winter Consort, Paul: *Earthbeat*. Living Music Records, Inc., Box 72, Litchfield, CT 06759, USA; 1987 – Voller Schönheit und Rhythmen aus der ganzen Welt.